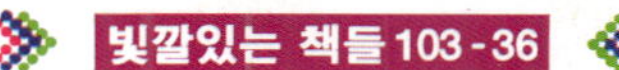

부석사

글/김보현, 배병선, 박도화 ● 사진/배병선, 유남해

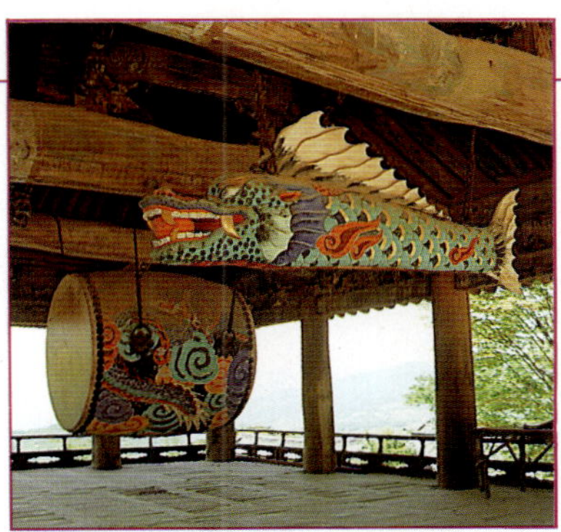

대원사

연혁 - 김보현 ─────────
서울 출생. 고려대학교 사학과를 졸업하고 동대학원 사학과에서 한국 고대사를 전공으로 석사와 박사 과정을 마쳤다. 고려대학교 문과대 강사를 역임하고 현재는 동국대학교 경주 캠퍼스 국사학과 조교수로 재직중이며 동국대학교 신라 문화 연구소 간사이기도 하다. 저서로는 『신라 화엄종 연구』가 있으며 「신라 중대 화엄종과 왕권」 「북한 불교 연구의 동향」 「대가야의 불교」 등이 있다.

건축 - 배병선 ─────────
서울대학교 공과대학 건축학과를 졸업하고 동대학원에서 박사학위를 받았다. 현재 국립문화재연구소 미술공예연구소에서 한국 건축의 조사·연구를 담당하고 있다. 「다포계 맞배집에 관한 연구」 「금산사 금강문에 대한 소고」 「닫집의 건축사적 연구」 등 여러 편의 논문과 「한국의 고건축」 제11~16호와 「민가 조사 보고서(전남·전북편)」 등에 쓴 글이 있다.

유물 - 박도화 ─────────
홍익대학교 대학원 미술사학과를 졸업하고 동국대학교 대학원 미술사학과에서 박사 과정을 마쳤다. 현재 동국대학교 강사로 재직중이며 박물관 연구원이기도 하다. 저서로는 『보살상』, 논문으로는 「한국 불교 벽화의 연구」 「조선기의 사원 벽화」 「재일 한국 불교의 현황과 연구 과제」 「조선기 묘법연화경 판화의 연구」 등이 있다.

사진 - 유남해 ─────────
『진경산수화』 『한국전통회화』 『조선시대 고문서』 『무등산』 등 많은 도판 사진집을 제작하였고 한국관광사진콘테스트에서 준우수상을 수상하였다. 현재는 한국정신문화연구원 민족문화대백과 사전 편찬부에 근무하면서 포토에세이 등을 통해 활약하고 있다.

부석사

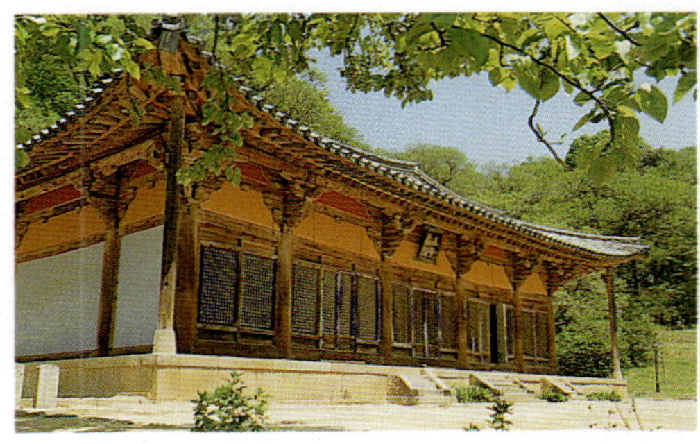

부석사

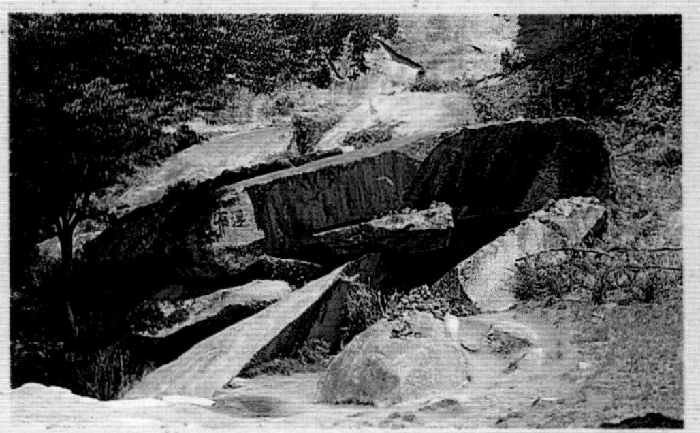

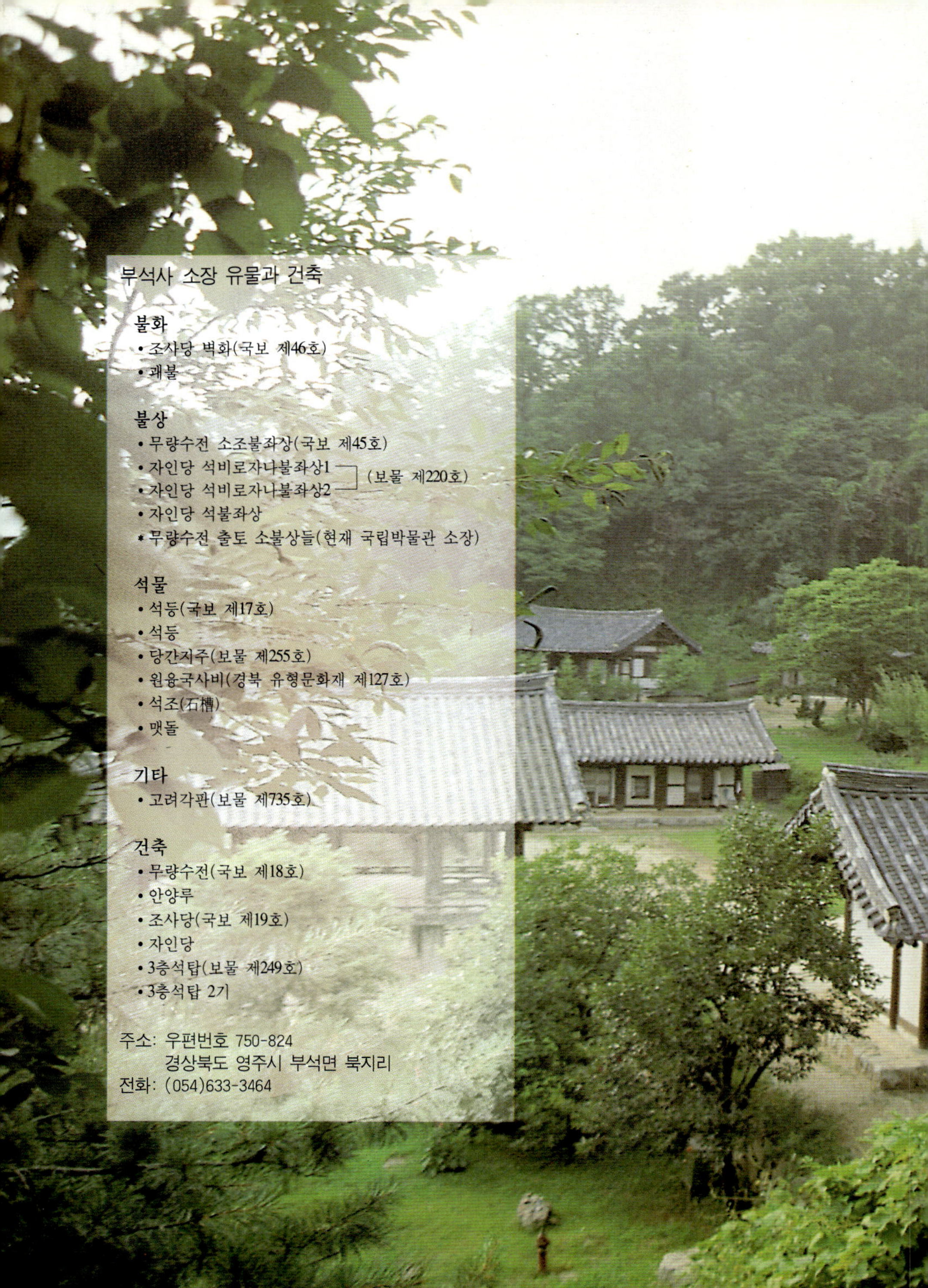

부석사 소장 유물과 건축

불화
• 조사당 벽화(국보 제46호)
• 괘불

불상
• 무량수전 소조불좌상(국보 제45호)
• 자인당 석비로자나불좌상1 ┐
• 자인당 석비로자나불좌상2 ┘ (보물 제220호)
• 자인당 석불좌상
＊무량수전 출토 소불상들(현재 국립박물관 소장)

석물
• 석등(국보 제17호)
• 석등
• 당간지주(보물 제255호)
• 원융국사비(경북 유형문화재 제127호)
• 석조(石槽)
• 맷돌

기타
• 고려각판(보물 제735호)

건축
• 무량수전(국보 제18호)
• 안양루
• 조사당(국보 제19호)
• 자인당
• 3층석탑(보물 제249호)
• 3층석탑 2기

주소: 우편번호 750-824
　　　경상북도 영주시 부석면 북지리
전화: (054)633-3464

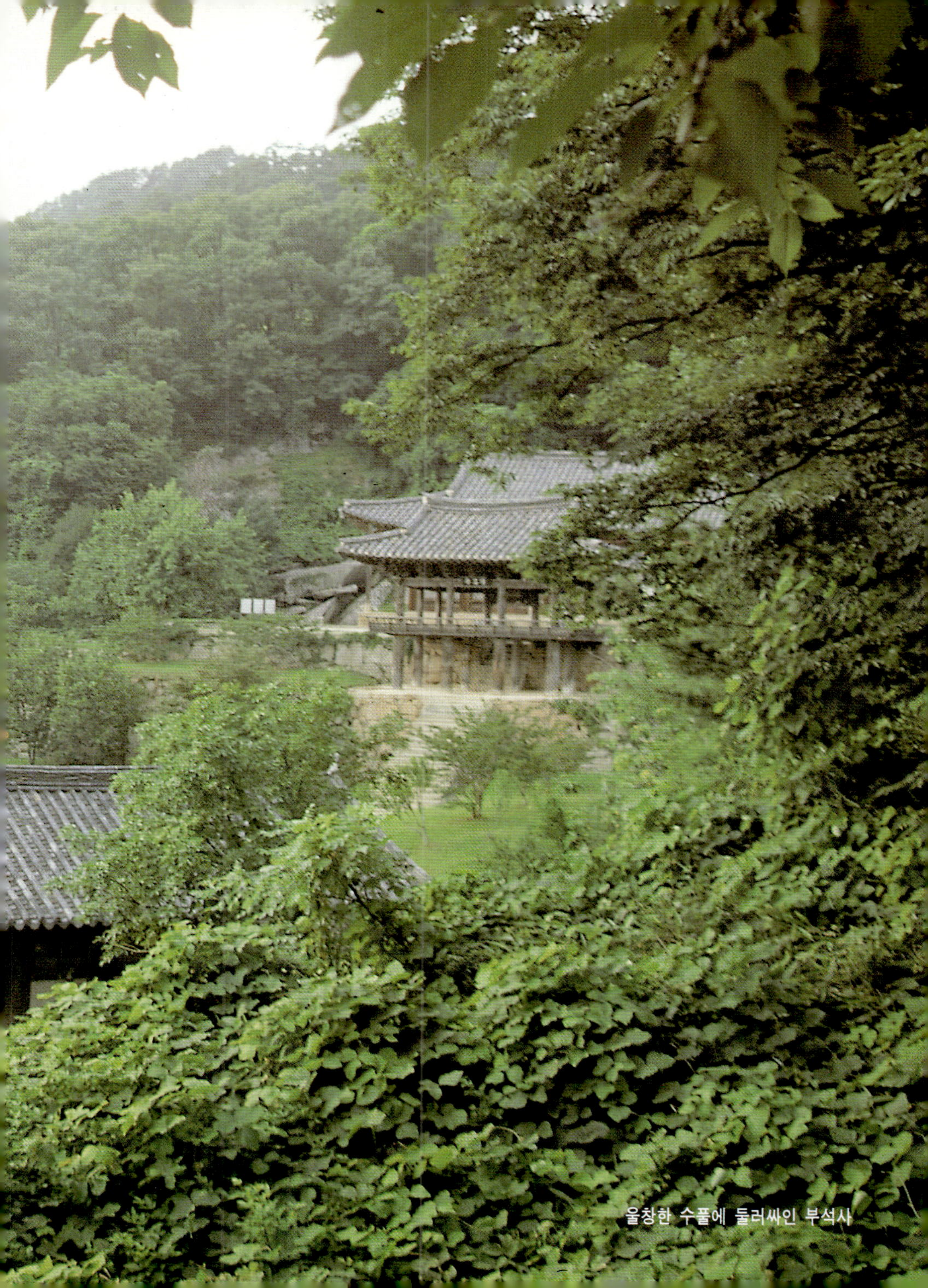

울창한 수풀에 둘러싸인 부석사

연혁

부석사는 신라의 의상 대사(義湘大師, 625~702년)가 중국 유학 후 수도처로 삼아 안주하다가 뒷날 대가람(大伽藍)을 이룬 곳이다. 그러나 부석사의 연혁을 정리한 사적지(史蹟志)는 거의 남아 있질 않고 비문(碑文)이라든가 중수기(重修記), 개연기(改椽記) 등만이 전한다. 이들을 정리하여 부석사를 조망한 것이 한국불교연구원의 『부석사』(1976)이다.

부석사의 연혁을 고찰할 때 창건과 관련하여 가장 많은 얘깃거리를 전하는 신라 시기와 그 이후의 시기로 나누어 살피면 현재의 모습과 역사적 사실을 관련지을 수 있을 것이다.

신라시대

신라시대의 부석사는 의상이 창건한 중대(中代)와 의상의 적손(嫡孫)인 신림 이후 하대(下代)의 모습으로 나누어 살펴볼 수 있다.

초창(初創)

부석사의 창건에 관하여 『삼국사기』에는 "고승 의상이 왕지(王旨)를 받들어 부석사를 창건했다"는 내용이 전하며 『삼국유사』에는 "의상이 태백산에 가서 조정의 뜻을 받들어 부석사를 세우고 대승교(大乘敎)를 포교하니 영감(靈感)이 많이 나타났다"고 전한다. 그리하여 신라 문무왕 16년(676) 2월에 의상 대사가 문무왕의 뜻을 받들어 부석사를 창건한 것으로 알려져 있다.

그러나 지금과 같은 규모의 부석사 대가람이 그 당시에 바로 이루어진 것은 아니다. 의상은 671년에 당에서 급히 귀국하여 당나라 군의 침공 소식을 알린 뒤 왕도(王都)를 벗어나 약 5년 동안 낙산(洛山) 등 전국을 유행(遊行)하다가 676년에 이곳 부석산(浮石山)에 안주하여 화엄종을 포교할 근거지로 삼았다. 따라서 초창(初創) 당시 부석사의 모습은 의상이 부석산에 머물면서 남겼던 생활상에서 어림짐작할 수 있다.

그러면 다음의 세 가지 측면에서 부석사 창건 당시의 모습을 살펴보도록 하자.

첫째, 의상과 문무왕(文武王)의 관계이다. 의상이 문무왕의 명을 받들어 부석사에 화엄 도량을 창건하였다는 『삼국사기』와 『삼국유사』의 기록을 통해 그의 화엄 사상이 신라 중대 문무왕의 전제 왕권을 뒷받침해 준 것으로 알려졌다. 따라서 부석사를 초창기부터 매우 웅장한 규모의 가람으로 보는 경향이 있다.

그러나 의상과 문무왕의 관계로 미루어 보아 부석사의 대역사(大役事)와 이들은 전혀 상관이 없다. 의상과 문무왕의 관련 기사는 다음의 세 가지뿐이다. 하나는 의상이 671년에 당나라 군의 침입을 알리기 위해 신라로 귀국했을 때 만난 일이고, 또 하나는 부석사가

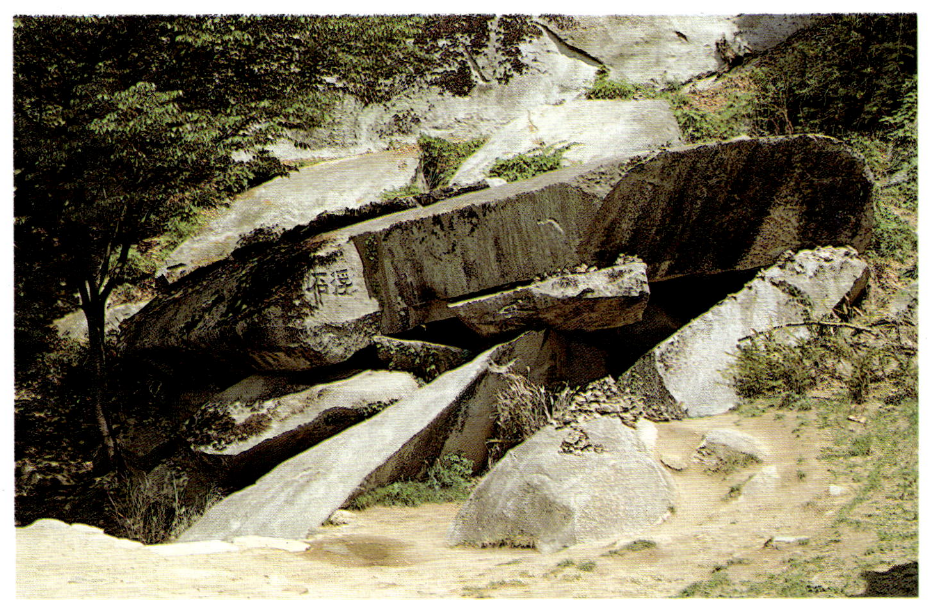

부석 의상이 부석사를 창건할 때 선묘가 부석으로 변해 시정 잡배들을 물리쳤다는 전설이 전한다.

문무왕 16년에 왕명에 의해 창건되었다는 기록, 마지막으로 문무왕이 삼국을 통일하고 당군을 축출한 이후인 681년에 새로이 왕도에 성을 쌓으려 하자 의상이 다음과 같은 서신을 보내 의견을 개진한 것이 그것이다.

왕의 정교(政敎)가 밝으시면 비록 풀만 난 언덕에 금을 그어 성(城)이라 하여도 백성들은 감히 이것을 넘지 못하기에 재앙을 씻어 깨끗이 하고 모든 것이 복이 될 것이나, 정교가 진실로 밝지 못하면 장성(長城)이 있다 하여도 재해를 없애지 못할 것이옵니다.

—『삼국유사』 권2 문호왕(文虎王) 법민(法敏)조

비록 풀밭과 초막에 살더라도 바른 도(道)를 행한다면 복스러운 세업이 장구할 것이요, 만약 그렇지 못하면 비록 사람을 수고롭게 하여 성(城)을 만들지라도 또한 유익이 없을 것입니다.

—『삼국사기』 권7 문무왕 21년조

의상이 보낸 이 글을 본 문무왕은 곧 역사(役事)를 중지시켰다 한다.

또한 의상의 서신을 받은 문무왕이 그의 높은 덕에 감복해 부석산 골짜기에서 빈한하게 생활하고 있는 의상의 처지를 개선해 주려 전장(田莊)과 노비를 보냈는데, 의상은 문무왕의 호의를 다음과 같은 말로 거절하였다.

우리의 법(佛法)은 지위의 높고 낮음을 평등히 보고 신분의 귀하고 천함을 없이 하여 한 가지로 합니다. 『열반경』에서는 여덟 가지 부정한 재물(八不淨財)에 관하여 말하고 있습니다. 어찌 내가 전장(田莊)과 노복(奴僕)을 소유하겠습니까. 빈도는 법계(法界)를 집으로 삼아 발우(鉢盂)를 가지고 밭갈이를 하며 익기를 기다립니다. 법신(法身)의 지혜로운 생명이 이 몸을 빌어서 살고 있는 것입니다.

—『송고승전(宋高僧傳)』 권4「석의상전」

만일 의상이 대가람을 창건해서 살았다면 문무왕의 축성에 반대할 근거가 없으며 전장과 노복을 거부할 이유 또한 없었을 것이다. 따라서 의상 대사와 문무왕의 이러한 대화는 가능하지 않았을 것이다. 실제로 의상은 의복과 병, 발우 이 세 가지 외에는 아무것도 몸에 간직하지 않았던 것으로 전한다.

최근 의상과 신라 중대 왕권의 관계를 강조하는 이들조차도 의상이 입적(入寂)하기 이전 20여 년 동안은 별다른 행적이 나타나지 않음을 이상하게 여긴다. 그러나 의상이 귀국한 이후 부석산에서 수도 생활에만 전념하였지 왕도(王都)에 거주하지 않았기 때문에 왕권과 특별한 관계가 없었던 것이 당연하다.

둘째는 부석산에 정주한 의상의 모습이다. 부석산에서 의상은 강경(講經)에 주력하고 화엄관(華嚴觀)을 닦는 청빈한 수행자로, 특히 제자 양성에 힘을 기울여 『화엄경』을 중심으로 강경하곤 했다. 의상은 제자들을 위해 40일 동안 법회를 열고 일승십지(一乘十地)에 대해 문답하기도 하였는데, 이를 토대로 「도신장(道身章)」이 만들어졌다. 그는 또한 태백산(太伯山) 대로방(大蘆房)에 머물면서 진정(眞定), 지통(智通) 등을 위하여 설하기도 하였는데 제자들과 문답을 통해 간곡하게 묻고 자상하게 가르쳐 주어 의심쩍은 구석이 하나 없이 확연하게 알 수 있도록 했다.

제자였던 지통과 진정의 얘기로 의상의 면목을 좀더 자세히 알 수 있다. 지통은 이량공(伊亮公)의 노비로 7세 때 울주(蔚州) 영취산(靈鷲山)으로 가서 낭지에게 사사하다가 의상의 문하로 온 인물이었다. 그가 태백산 미리암굴에서 화엄관을 닦은 기록이 남아 있는데 그 내용은 다음과 같다.

하루는 큰 멧돼지 한 마리가 갑자기 굴 앞을 지나갔다. 지통은 평상시와 다름없이 목각 존상(木刻尊像) 앞에 정성을 다하여 예불을 드리는 중이었다. 그때 목각 불상이 지통을 보고 이렇게 말하는 것이었다. "굴 앞을 지나간 멧돼지는 네 과거의 몸이다. 나는 네가 미래에 받을 과보로서의 부처이다." 지통은 이 말을 듣고 곧 '삼세(三世)가 일제(一際)'라는 뜻을 깨달았다. 뒷날 스승 의상에게 이 얘기를 하자 의상은 지통의 그릇이 이미 완성되었다고 여겨 법계도인(法界圖印)을 주었다 한다.

『석화엄교분기원통초(釋華嚴教分記圓通鈔)』下권,

『한국불교전서』4, 139쪽

『법계도기총수록』上권

진정은 집안이 가난했지만 홀어머니를 지극한 효성으로 봉양하였다. 그러다가 군대에 있을 때 의상 법사가 태백산에서 설법으로 사람을 이롭게 한다는 소식을 듣고 출가하여 의상의 제자가 되었다. 출가한 지 3년 뒤에 어머니의 부음을 듣고 7일 동안 선정에 들어 명복을 빌었다. 입정을 끝낸 뒤 이 사실을 스승에게 고하자 의상은 문도(門徒)를 이끌고 소백산(小伯山) 추동(錐洞)에 가서 초가(草家)를 짓고 『화엄대전』을 90일 동안 강했다. 지통이 스승의 강의를 기록하여 「추동기(錐洞記)」 2권을 세상에 남긴 것이 이때의 일이다.

이와 같은 기록으로 볼 때 만일 부석사에 오늘날과 같은 대가람이 있었다면 의상이 굳이 제자들을 거느리고 소백산이나 태백산 등지에 초가를 짓고 강경(講經)을 하거나 토굴에서 화엄관을 닦았겠는가 하는 의문이 남는다. 그렇다면 7세기 후반의 부석사는 의상의 영정이 있는 조사당(祖師堂)을 중심으로 초가집이 몇 채 있는

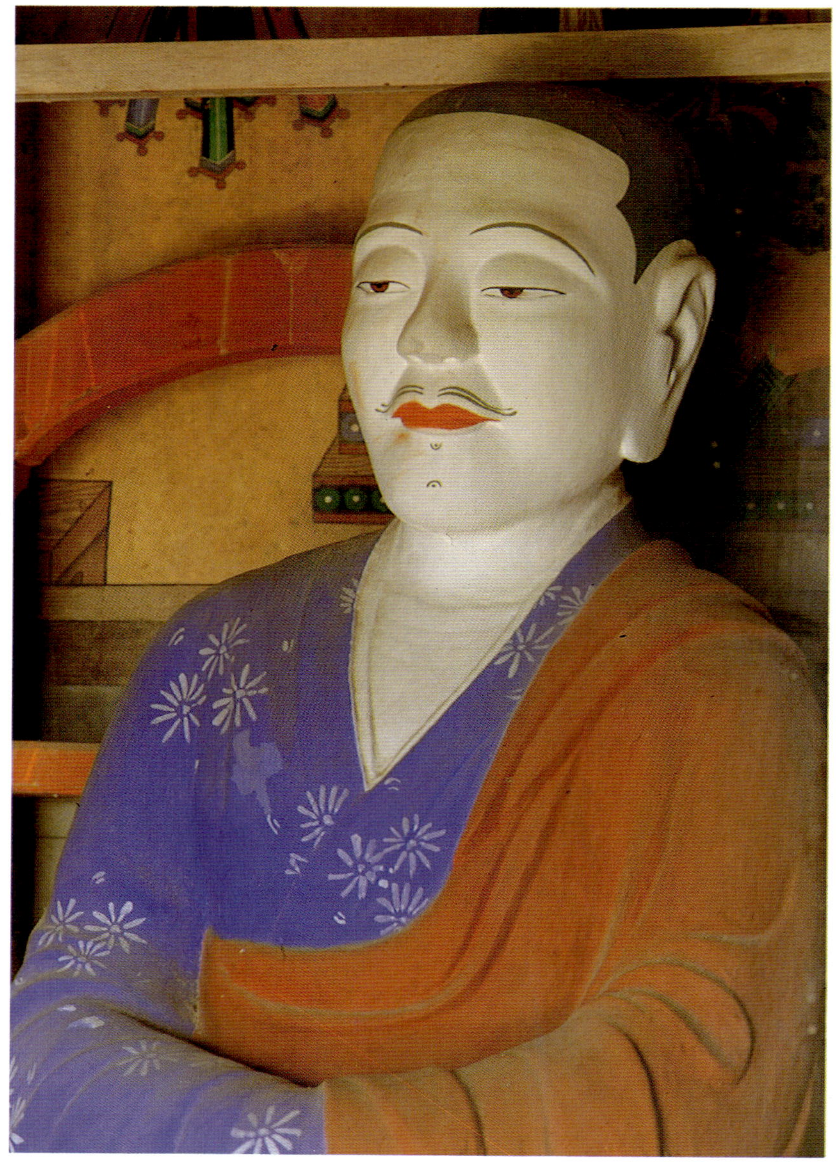

조사당 의상 대사상 의상 당시의 부석사는 아주 청빈한 형태의 사찰이었을 것이다. 그때는 강경을 위해서는 넓은 산정을 이용하고 화엄관을 닦기 위해서는 동굴 등을 이용하여 자연과 더불어 도를 닦지 않았을까 싶다. 이 상은 1975년에 석고로 제작하여 조사당 안에 의상 영정과 함께 모신 것이다.

아주 청빈한 양상이었을 것이다. 또한 그의 제자들이 하나같이 소외 계층의 인물들이었던 것도 이런 생각을 뒷받침해 준다.

의상이 왕경의 황복사에서 출가하였다는 기록 하나만으로 그를 황복사와 관련지으려는 경향이 있다. 그러나 황복사에서 출토된 「황복사탑금동사리함명(皇福寺塔金銅舍利函銘)」의 기록에 나오는 승려들 명단에는 의상은 물론이고 그의 제자 어느 누구의 이름도 전혀 거론되길 않는다. 706년 왕경의 황복사에서 만들어진 명(銘)에 702년에 입적한 의상과 제자들의 이름이 나오지 않는 것은 귀국한 뒤 의상의 활동과 황복사가 전혀 관계가 없었음을 보여 주는 귀중한 증거이다.

의상은 우리나라 화엄종의 초조로서 신라 이래 고려까지 그 법(法)이 사자 상승(師資相承)되었음은 주지의 사실이다. 그 전법(傳法)의 장소가 바로 이 부석사였다. 의상은 부석산에 안주한 이후 이곳을 떠난 적이 없으므로 왕경의 황복사에서 만든 「황복사탑금동사리함명」에서 그와 그의 제자의 이름을 찾을 수 없었던 게 당연하다.

셋째는 부석사의 창건과 관련된 선묘 설화(善妙說話)에서이다. 부석사 연기 설화(緣起說話)라고 할 수 있는 이 설화는 『송고승전』 「석의상전」에 유일하게 실려 있다. 고구려 유민계 출신인 찬녕(贊寧)이 북송(北宋)의 태종에게 바친 이 『고승전』에는 삼국 출신 승려 10여 명의 전기가 실려 있다. 찬녕은 신라의 많은 설화를 사신에게서 듣고 등주(登州)의 신라방(新羅坊)과 같은 곳의 고로(古老)들에게 물어 이 『고승전』을 찬술하였던 것이다. 따라서 이 설화의 성립 연대를 신라 하대인 9세기 전반경으로 보고 있다. 그 내용을 요약하면 다음과 같다.

　의상은 원효와 함께 현장(玄奘)의 신유식(新唯識)을 배우기 위해 중국행을 결행하였으나 첫번째는 실패하고 두 번째는 혼자 떠나게 되었다. 두 번에 걸친 시도 끝에 중국으로 가게 된 의상은 등주의 한 신도 집에서 머물게 되었다. 37세 장년의 빼어난 의상을 본 선묘는 의상을 사모하여 몸을 단장하고 의상을 유혹하였다. 그러나 의상의 마음이 돌과 같아 움직이지 않자 선묘는 도심(道心)을 일으켜 세세생생 의상을 스승 삼아 귀명할 것을 맹세하였다. 그래 의상이 당에 머문 10년 동안 단월(檀越)로서 공양을 계속하였다. 의상이 등주에서 신라로 귀국할 때에도 선묘는 법복이며 일용품을 준비한 상자를 의상에게 직접 전하고자 하였으나 뜻을 이루지 못하였다. 그리하여 주문을 외고 바다에 물건을 던져 의상의 배에 이르게 하였고 이어 자신도 바다에 몸을 던져 용으로 몸을 바꾸어 대사의 뱃길을 지켰으며 귀국한 뒤에는 그의 전법(傳法)을 도왔다. 의상이 부석사에 도착했을 때 소승 잡배들이 먼저 자리를 잡고 있었는데 선묘가 사방 십리 넓이의 대반석(大磐石)으로 변하여 공중으로 날아올라 이들을 쫓아내고 의상 대사를 수호하였다. 의상은 드디어 이 절에 들어가 겨울은 양지바른 곳에서 또 여름에는 그늘에서 화엄경을 강의하였는데 많은 사람들이 부르지 않아도 스스로 모여들었다고 한다.

　선묘 설화의 내용을 구현한 석룡(石龍)이 무량수전 본존(本尊)의 대좌(臺座) 밑에 머리를 두고 굽이를 틀어 그 꼬리 끝이 무량수전 앞뜰 석등 아래쯤에 배치되어 있다고 전한다. 실제로 일제 강점기에 개수 공사를 하면서 무량수전 앞뜰의 개굴에서 임진왜란 당시 명나라 장수 이여송(李如松)이 잘라 놓았다는 석룡의 허리 부분(腰

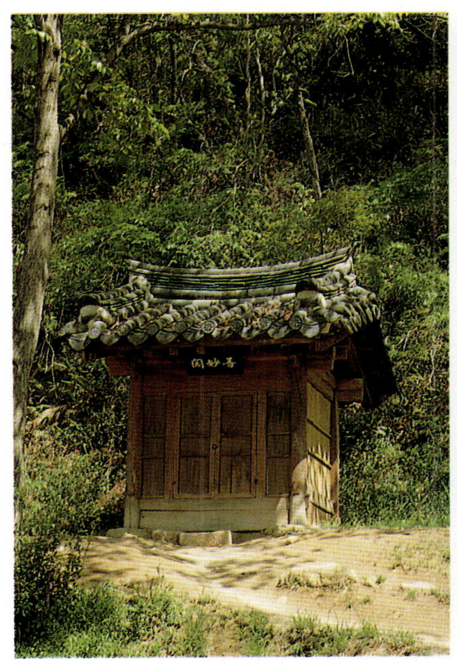
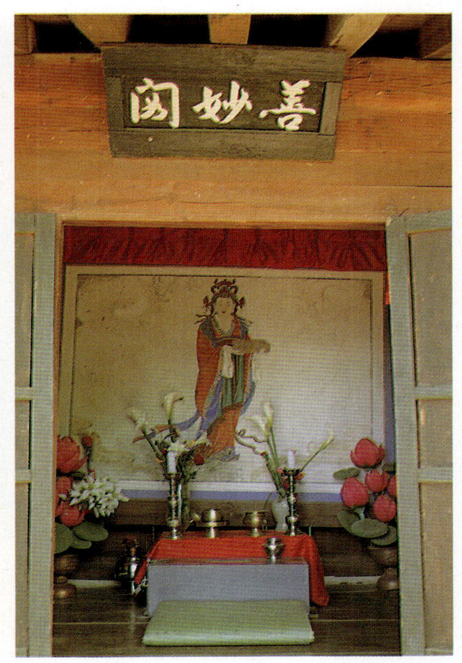

선묘각(왼쪽)**과 선묘상**(오른쪽) 선묘는 의상이 당에 머문 10년 동안 단월로서 공양을 계속하였다는 중국의 여인으로 의상이 귀국한 뒤에도 그의 전법을 도왔다고 한다. 선묘각에 모셔진 선묘의 탱화는 최근 조성된 것이다.

部)이 발굴되었다고 하는데, 부석사 측에선 이를 보수할 것을 종용했으나 일본인 기술자의 완강한 거부로 뜻을 이루지 못했다는 것이다.

석룡, 정대석(頂戴石), 석등(石燈)의 구조와 대석단(大石壇)의 형태를 9세기의 것으로 보는 것이 일반적인 견해인데, 선묘 설화 역시 이 무렵 완성된 것으로 보고 있다.

이상의 내용을 종합해 볼 때 의상 당시 부석사는 아주 청빈한 형태의 사찰이었을 것이다. 신라에 불교를 최초로 전한 아도 화상이 세운 흥륜사도 국가에서 관여하여 짓기 이전에는 초가의 형태였다.

뿐만 아니라 의상은 화엄경 일승교지(一乘敎旨)의 심오한 뜻에 따라 경내에 탑도 세우지 않았고 보처도 없이 소조(塑造)로 만든 아미타 불상만을 모시고 있었다. 대석단을 쌓고 터를 마련한 현재의 무량수전 자리는 경문왕 때에 한꺼번에 이루어진 것으로 의상 당시에는 강경을 위해서는 넓은 산정을 이용하고 화엄관을 닦기 위해서는 동굴 등을 이용하여 자연과 더불어 도를 닦지 않았을까 싶다. 이것이 수행자 의상의 진정한 면모를 보여 준 초창기 부석사의 모습이라 생각된다.

의상이 부석사에 머물던 692년 무렵, 당에 유학하여 법장에게 배운 승전(勝詮)이 의상에게 보내는 법장의 편지를 가지고 귀국하였다. 이와 함께 법장은 자신이 저술한 논문들을 함께 보내어 의상에게 검토하여 줄 것을 요청하였다.

법장은 편지에서 "듣건대 상인(上人)은 귀향하신 뒤 화엄경을 천명하고 법계(法界)를 선양하여 연기에 무애하니, 제망은 중중하고 불국은 새롭고 또 새로워 널리 이익케 하신다 하오니 기쁨이 더욱 깊어집니다. 이로써 여래 멸후 불일(佛日)이 관휘하고 법륜(法輪)이 다시 굴러 법을 오래 머물게 한 분이 오직 법사임을 알았나이다"고 하여 극진한 존경의 뜻을 표하였다.

이 사실이 신라 전역에 알려져 의상의 명성은 전국적으로 드높아졌고 의적(義寂)과 같은 학자들까지 의상에게 법을 물으러 부석사로 왔다. 그 뒤 부석사에서는 국제적인 명성에 걸맞게 신림(神琳), 순응(順應), 진수(眞秀) 같은 의상의 법손들이 중국 유학을 갔다.

신라 하대의 중창

의상의 손제자인 신림 이후 부석사는 인적·물적 측면에서 차츰

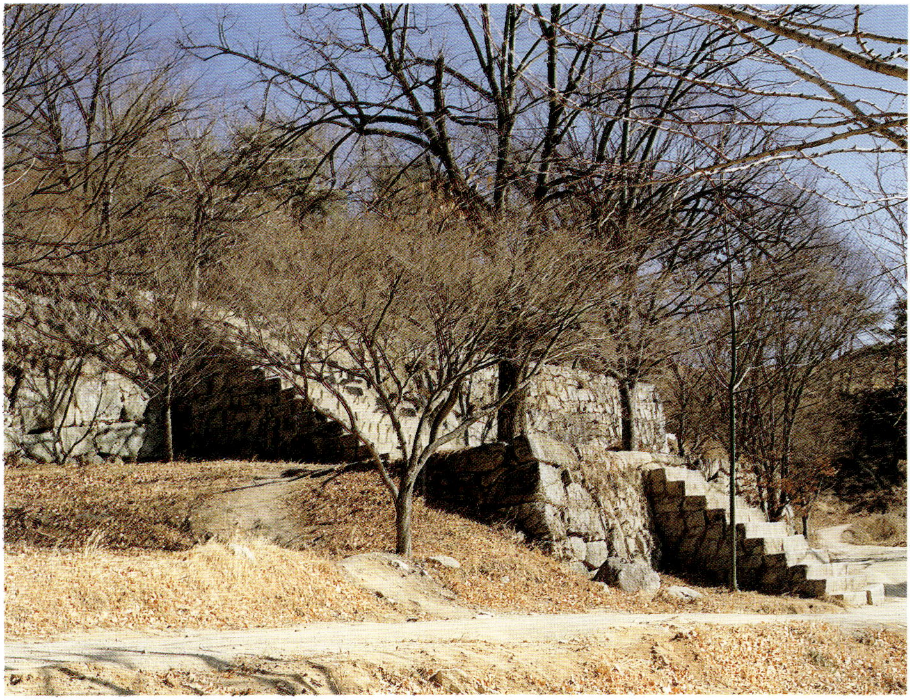

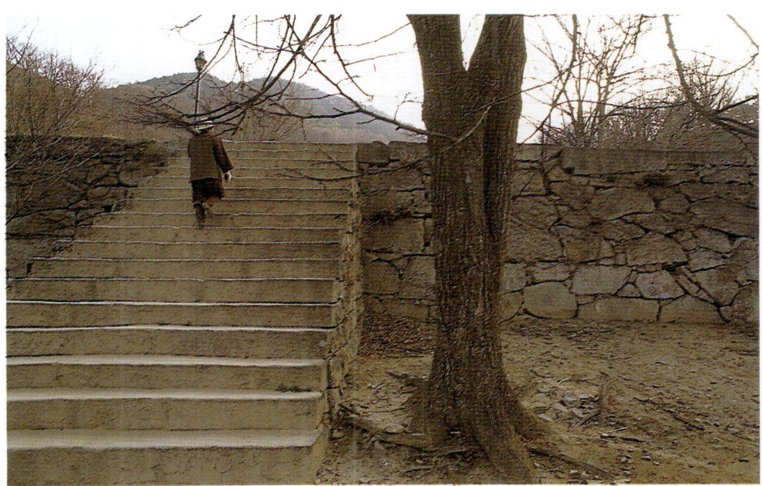

대석단과 석축단 대석단은 불국사, 원원사, 망해사 등 신라 하대에 세워진 사찰들에서 나타나는 특징적인 양상이다.

변화했다. 신림은 대덕의 호칭을 가진 많은 제자를 배출하였으며 법융(法融) 대덕, 진수 대덕, 순응 대덕, 질응(質應) 대덕, 숭업사(崇業師), 대운 법사(大雲法師) 등 많은 인재를 길러 내면서 부석사의 화엄종을 크게 중흥시켰다.

또한 규모 면에서도 크게 변모하여 현재 부석사의 기본 구조라고 할 수 있는 대석단과 석등, 석룡, 장대석, 석탑 등이 경문왕 무렵에 건립되었다. 대석단은 불국사(佛國寺), 원원사(遠願寺), 망해사(望海寺) 등에서 볼 수 있듯 신라 하대 이후에 세워진 사찰들에서 나타나는 특징적인 양상이다. 무엇보다도 국보 제17호인 석등이 경문왕 때(861~874년)에 만들어진 점이 이러한 사실을 뒷받침한다.

대규모의 사찰 건립이 가능했던 것은 신림이 배출한 수많은 화엄 대덕들이 국가로부터 상당한 물질적인 지원을 받았기 때문이라 생각된다. 예컨대 부석사에서는 신라 왕의 상(像)을 그려서 벽화로 걸어 놓고 있을 정도였다. 후삼국 시기에 궁예가 이곳에 이르러 벽화에 그려진 신라 왕의 상을 보고 칼을 뽑아 내쳤는데 그 흔적이 고려 때까지 남아 있었다고 한다.

또한 신라 하대에 이미 명주(溟州)에 장사(莊舍)를 보유하는 등 당초 의상의 청빈과는 다르게 재정적으로 풍부해져 갔다. 마치 유성룡의 충효당이 그의 손자 때에 이르러 전적으로 조부의 덕으로 세워진 것과 같은 현상이 아닐까.

부석사가 위치한 태백산은 신라 오악(五岳) 가운데 중사(中祀)를 지내던 곳으로, 흔히 북악(北岳)으로 불리워지기도 하였다. 따라서 의상의 법손들을 북악파(北岳派)라고도 하였다.

화엄종의 본찰인 부석사는 신라 하대에는 대석단 위에 세워진 거대한 가람으로 많은 대중들이 생활하는 곳으로 변하였고 승려가

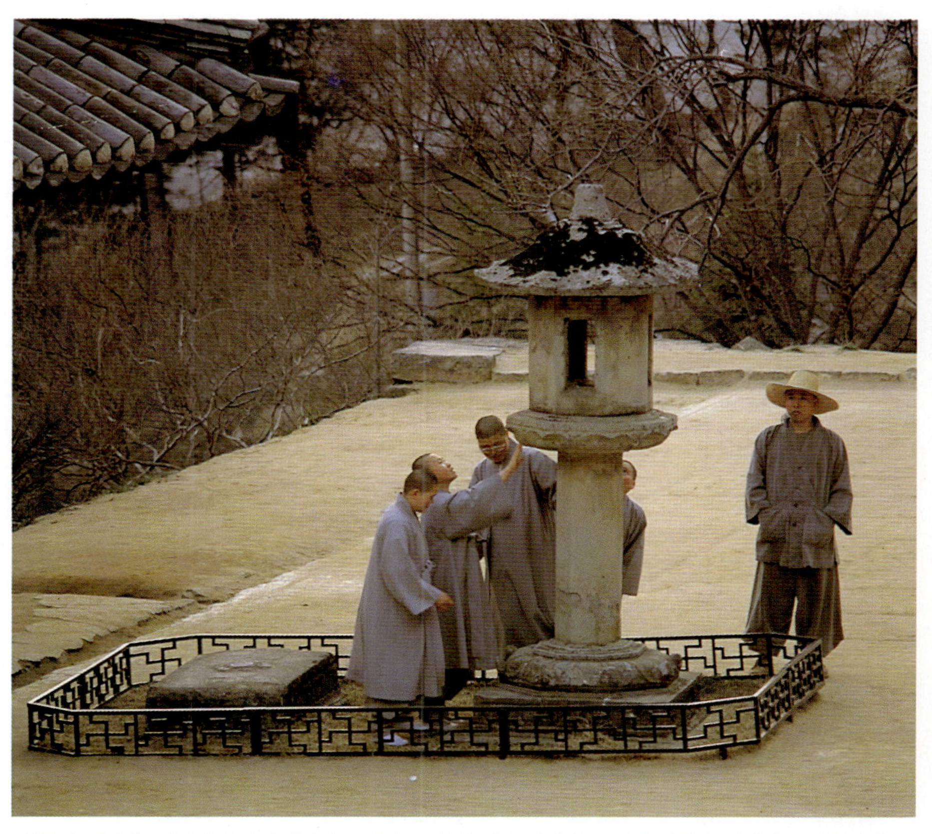

석등과 배례석 신라시대의 전형적인 석등으로 각 부재의 비례가 조화를 이루어 단아하고 아름답다.

되기 위해 처음 출가하는 곳으로 유명해졌다.

　신라 하대 동리산파(桐裡山派)의 개조인 대안사 적인 선사(寂忍
禪師) 혜철(惠哲, 785~861년)은 15세부터 부석사에서 『화엄경』을

수학하고 이후 책을 지어 후학을 깨우칠 정도로 화엄 교학에 뛰어
난 인물이었다. 그가 800년부터 7년 동안 부석사에서 화엄을 수학
하였던 것으로 미루어 이 무렵 부석사에서는 화엄 대덕이 『화엄경』
을 강하고 있었던 것으로 보인다.

신라 하대에 커다란 명성을 날렸던 성주산파(聖住山派)의 낭혜
화상(朗慧和尙) 무염(無染, 800~888년)은 입당하기 전 소승과 화엄
을 배우고 중국으로 들어가 지상사(至相寺)에서 다시 화엄을 배운
뒤 문득 깨우친 바가 있어 선종으로 가서 수학한 인물이다. 그는
13세에 출가하여 오색석사(五色石寺)와 부석사에서 10여 년을 머물
다가 23세 때인 822년에 입당, 회창폐불(會昌廢佛)로 845년에 귀국
하기까지 23년 동안 당에 머물렀다. 따라서 그가 화엄을 배운 시기
는 20세를 전후한 때로 생각된다. 이때가 820년 무렵인데 당시 부석
사에는 석등(釋登) 대덕이 화엄 조사로 있었으리라 짐작된다.

희양산파(義陽山派)의 개조이고 봉암사의 창건주인 지증 대사(智
證大師) 도헌(道憲, 824~882년)은 9세에 출가하여 17세에 구족계를
받기까지 부석사에 머물면서 범체(梵體) 대덕에게 화엄경을 수학하
였다. 도헌은 9세에 아버지를 여의고 출가에 뜻을 두어 어머니의
만류에도 불구하고 부처님의 유성 고사(踰城故事)를 좇아 부석산으
로 가서 불교를 배웠다. 이는 당시 사람들이 부석사를 출가하는 곳
으로 중요하게 여겼음을 입증해 준다. 그가 부석사에 머문 시기는
832년부터 840년까지인데 이때 부석사에서는 범체 대덕이 화엄경을
강하고 있었다.

사자산파(獅子山派) 도윤(道允)의 제자인 징효 대사(澄曉大師)
절중(折中, 826~900년)은 7세에 출가하여 오관산사에 머물다가 15
세에 부석사에 나아가 화엄경을 들었다. 19세에 장곡사에서 구족계

를 받을 때까지 5년 정도 수학하면서 화엄경의 진수를 깨우쳤다 한다. 이로 보아 도헌에 이어 그 역시 범체 대덕에게 화엄경을 수학한 것이 아닌가 싶다.

부석사에는 780년부터 840년을 전후한 시기에 석등 대덕, 범체 대덕, 윤현(潤玄) 대덕 등의 화엄 조사가 머물면서 화엄경을 강경했다. 또한 이들에게 수학한 혜철, 무염, 도헌, 절중 등은 대개 구족계를 받기 이전인 15세를 전후해서 20세 사이에 화엄경을 비롯한 불교의 기본적인 교학 공부를 하였음을 알 수 있다.

비록 선종으로 전향한 사람들의 비문을 통한 단편적인 지식이지만 신라 하대에도 부석사는 화엄종의 종찰로서 끊임없이 화엄경을 강경했음을 알 수 있다.

고려 이후의 부석사

고려시대

고려 시기에는 원융 대덕(圓融大德, 964~1053년)이 이곳의 주지로 있으면서 대장경을 인사(印寫)하였고 그 일부를 부석사와 안국사(安國寺)에 봉안하였다. 따라서 지금 부석사에 전해지는 화엄경판은 원융 대덕 때 이루어진 것으로 여겨진다. 이능화(李能和)는 「화엄경판고(華嚴經板考)」에서 "고려 초에 태백산 부석사에서 3종의 화엄경을 각(刻)했다"고 하였다.

부석사에 현존하는 원융 대덕의 비문에 의하면 그의 성은 김씨이고 자(字)는 혜일(慧日)이었다. 12세에 용흥사(龍興寺)에서 출가하여 복흥사(福興寺)에서 수계하고, 28세에 대덕이 되었다. 정종 때

왕사(王師), 문종 때는 국사(國師)가 되었다. 그가 귀산사(龜山寺)에 유행하였을 때, 꿈에 미륵보살이 나타나서 "네 품 속에 두 아들이 있으니 하나는 해요, 다른 하나는 달이다"고 말하는 순간 홀연히 깨달음을 얻었는데 이 일이 있은 뒤 자를 혜일이라 하였다고 한다.

그는 정종 7년(1041)에 부석사에 들어가 의상의 화엄종통(華嚴宗統)을 이어받았다. 1053년 부석사에서 세수(世壽) 90세, 법랍(法臘) 78세로 입적하자 왕은 원융이라는 시호를 내렸다.

부석사 동쪽 언덕에 있는 원융 국사비의 건립 연대는 명문의 마멸이 심하여 확인할 길이 없으나 입적 이듬해인 고려 문종 8년(1054)으로 추정된다. 비문에는 의상 당대의 부석사의 모습과 그의 법손들이 줄곧 이곳에 주석해 온 것을 알려 주는 귀중한 내용이 담겨 있다. 이 밖에 고려시대의 주요 연혁을 살펴보면 다음과 같다.

• 고려 숙종은 1101년 8월 계사일에 의상과 원효를 추앙하는 조서를 내렸는데 『고려사』에 그 내용이 전한다.

원효와 의상은 우리나라의 성인이다. 그런데 비문이나 시호가 없어 그 덕이 알려지지 않으니 심히 유감으로 생각한다. 원효는 대성(大聖) 화쟁 국사(和諍國師)로, 의상은 대성 원교 국사(圓教國師)로 추증(追贈)하노니 해당 관청에서는 그들이 살던 곳에 비(碑)를 세워 공덕을 새김으로써 영원히 기념하게 하라.

이 기록으로 보아 의상의 비가 고려시대에 이미 존재하였음을 알 수 있다. 이와 함께 부석사에도 일정한 영예가 주어졌을 것으로 추측된다. 부석사의 원융 국사비가 그 부근의 밭에 비신이 없이 비석

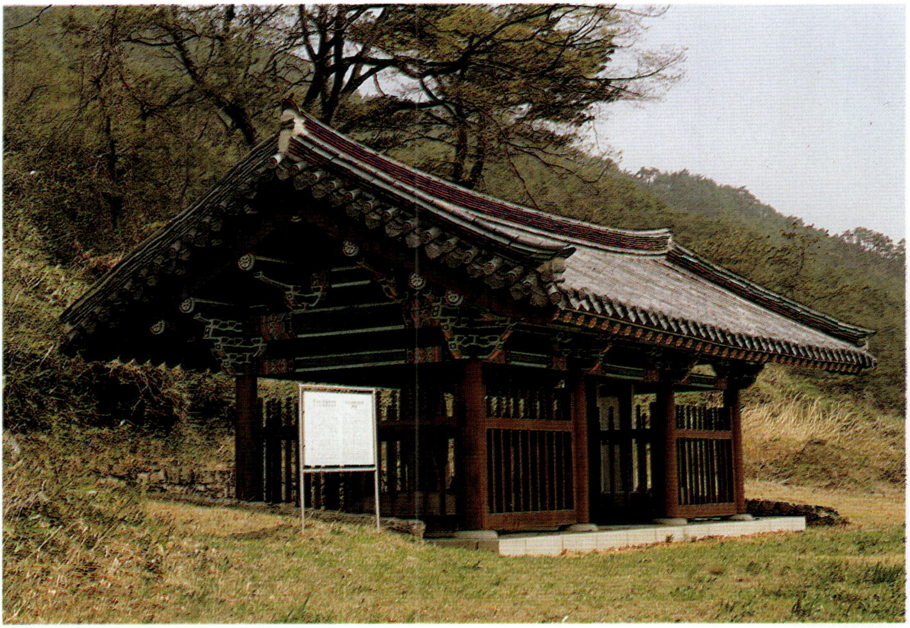

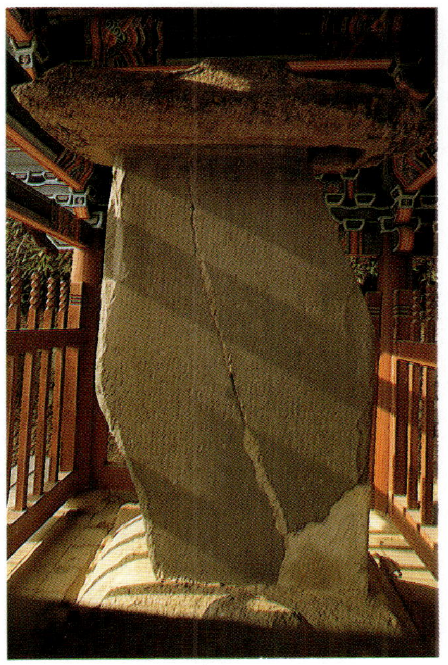

원융국사비각(위)**과 원융국사비**(왼쪽) 무량수전 동쪽 언덕에 있다. 이 비각에 모셔진 원융 국사비의 건립 연대는 1054년으로 추정되는데 고려 문종 8년인 당시까지 부석사에 의상의 법손들이 주석해 온 것을 알려 주는 귀중한 자료이다.

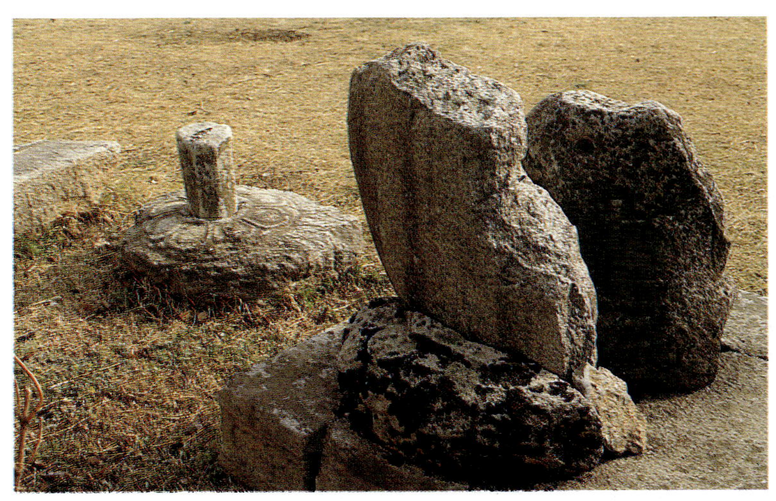

부석사의 석물

대좌와 비수(碑首)만 남아 있었던 것을 의상 대사비로 추측하기도
한다.

　• 고려 의종 24년(1170)에 무신들이 난을 일으키자 교종승들이
이들에 항거하였던 탓에 많은 희생이 있었다. 부석사의 승들도 같
은 흥주(興州)에 있는 부인사(符仁寺)와 송생현(松生縣)의 쌍암사
(雙岩寺)의 승도(僧徒)들과 함께 난(亂)을 일으켜 많은 희생을 치
렀다(『고려사』 권130 정언진(丁彦眞)전].

　• 고려 신종 4년(1201)에는 조사당이 단청되었다. 이 사실은 조사
당 도리 하단의 묵서명에 나오는 "전개채 승안 6년(前開彩 承安六
年)"이라는 기록에 의해 알려지게 되었다.

　• 고려 고종 37년(1250), 주지인 충명 국사(沖明國師) 각응(覺膺,
희종의 셋째 아들)이 미타경을 조판하여 판전(板殿)에 보관하였다.

　• 고려 충숙왕 때의 문인(文人) 박효수(朴孝修, ?~1377년)가 부
석사의 선묘정(善妙井)과 식사룡정(食沙龍井)의 물을 마시고 읊은

시가 『신증동국여지승람』 권25 영천군(榮川郡) 불우(佛宇)조에 실
려 있다.

　　　새 울고 꽃 져서 꽃다운 나이에
　　　나그네 갈 시간은 빨리도 가네
　　　어느 날 맛보리 용정물 차맛을
　　　마루에 가득한 솔과 달이 함께 머뭇거리며 떠나지 않네
　　　鳥啼花落減芳年　客路光陰去忽然
　　　何日試茶龍井水　滿軒松月共蚕緣

　• 고려의 사천감(司天監) 이인보(李寅甫)가 경상도제고사(慶尙道
祭告使)로서 산천을 두루 돌아다니다가 돌아가는 길에 날이 저물어
부석사에 머문 사실이 『보한집(補閑集)』에 전한다〔『신증동국여지승
람』 권25 영천군 불우조〕.
　• 고려 공민왕 7년(1358)에는 왜적의 병화에 화재를 입기도 했다.
　• 고려 말에는 진각 국사(眞覺國師) 원응(圓應, 1307∼1382년)이
이곳에 머물며 무량수전과 조사당을 중건하였다.
　• 원응 국사 천희(千熙)는 13세에 화엄종 반룡사주(盤龍寺主) 일
비(一非)를 은사로 하여 출가하였다. 그 뒤 58세 때에는 원나라에서
만봉(萬峰)의 인가를 얻고 귀국하였다. 공민왕 때는 국사로 봉해져
'대화엄종선교도총섭전불심인대지무애성상원통(大華嚴宗禪敎都總
攝傳佛心印大智無碍性相圓通)'이란 법호를 받았다. 그리고 당시 왕
사였던 나옹(懶翁) 혜근(惠懃)과 함께 선교 제승의 공부시관(功夫
試官)을 맡기도 하였다.
　• 공민왕 21년(1372)에 왕명으로 부석사 주지가 되어 1376년부터

퇴락한 당우와 가람을 보수하였다. 고려 우왕 2년(1376)에 무량수전을 중수하고 이듬해에 조사당을 중건한 것이 오늘날까지 전해져 내려온다.

조선시대

조선시대에 부석사를 중수한 기록은 자주 발견된다. 조선 성종 21년(1490)에 조사당을 중수하였고 성종 24년(1493)에 조사당에 단청을 하였다.

"부석사에 있는 선비화(仙扉花)는 의상이 이 절을 창건하여 거주하면서 심은 것이다. 그는 '그 싱싱하고 시들음을 보고 나의 생사를 징험하라'고 하였는데 그 나무가 과연 잎이 나고 꽃이 피어 아직까지 살아 있다"는 내용이 『대령지(大嶺志)』에 전한다.

퇴계 선생은 원래는 의상 대사가 꽂아 놓은 지팡이가 변한 것이라고 전하는 조사당 앞에 서 있는 나무를 바라보며 「부석사비선화시(浮石寺飛仙花詩)」를 지었다.

옥같이 빼어난 줄기 절문을 비꼈는데
석장이 꽃부리로 화하였다고 스님이 일러 주네
지팡이 끝에 원래 조계수가 있어
비와 이슬의 은혜는 조금도 입지 않았네
擢玉亭亭倚寺門　僧言錫杖化靈根
杖頭自有曹溪水　不借乾坤雨露恩

권상로, 『한국사찰사전(韓國寺刹事典)』上, 842쪽

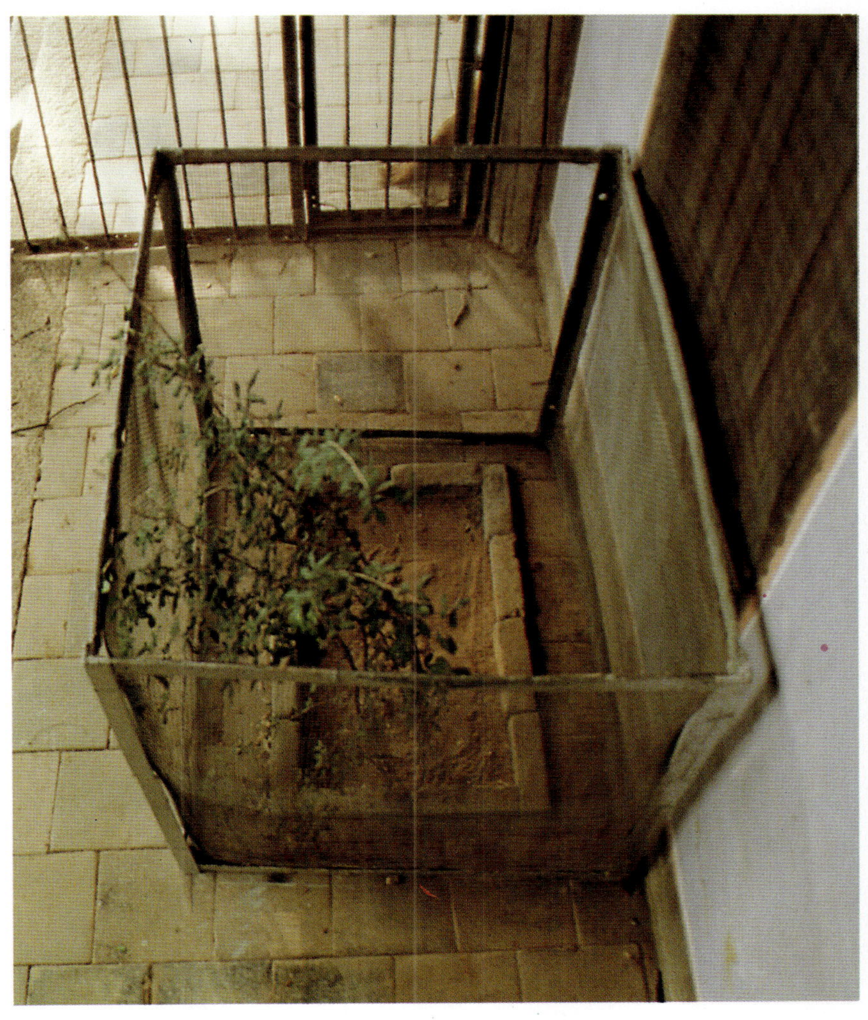

선비화 조사당 바로 앞에 자라고 있는 선비화는 의상 대사가 꽂은 지팡이가 나무로 변했다는 전설을 담고 있다.

　명종 10년(1555)에 화재로 인해 안양루가 소실되었으며 선조 6년
(1573)에는 조사당 지붕을 개수하였다. 선조 9년(1596)부터 11년
(1578)까지 석린(石麟) 스님이 안양루를 중건하였다. 조사당 아래의
취원루(聚遠樓)는 사명 대사 등 여러 선객들의 수도처로 유명했다
고 한다.

　광해군 3년(1611)에는 폭풍우로 인해 무량수전의 중보(中樑)가
부러져 중수하였고 경종 3년(1723)에는 무량수전 본존불을 개금(改
金)하였다.

　이중환(1690~1752년)은 영조대인 1730년경 이곳을 방문하여 윗
돌과 아래 받침돌 사이에 틈이 있어 끈을 넣으면 걸림 없이 드나드
는 부석(浮石)을 보고 이를 『택리지』에 기록하였다. 또한 조사당의
선비화에 대해서도 다음과 같은 기록을 남겼다.

　지팡이에서 자란 나무는 햇빛과 달빛은 받으나 비와 이슬에는
젖지 않았다. 늘 지붕 밑에 있어서 지붕을 뚫지 아니하고 겨우
한 길 남짓한 것이 천년을 지나도 하루 같다. 광해군 때 경상감
사 정조(鄭造)가 절에 와서 이 나무를 보고 "선인이 짚던 것이니
나도 지팡이를 만들고 싶다"고 하면서 톱으로 잘라 가지고 갔다.
그러나 나무는 곧 두 줄기가 다시 뻗어 나와 전처럼 자랐다. 인
조 계해년에 정조는 역적으로 몰려 참형을 당하였는데 나무는 지
금도 사시장철 푸르며 또 잎이 피거나 지는 일이 없어 스님들은
비선화수(飛仙花樹)라고 부른다는 것이다.

　영조 22년(1746)에 화재로 승당, 만월당, 서별실, 만세루, 범종각
등이 소실되었으나 그 이듬해에 중수하였고 영조 44년(1765)에는

무량수전 본존불을 개금하였다.

근·현대

일제 시대인 1916년에 무량수전과 조사당을 해체 수리하였는데 이때 허리 부분이 잘린 석룡(石龍)이 노출되었다고 한다. 또한 무량수전 서쪽에 있던 취원루를 동쪽으로 옮기고 취현암(醉玄庵)이라 한 것도 이때라고 한다.

1967년에 부석사의 동쪽 옛 절터에서 쌍탑을 옮겨 범종각 앞에 세웠고 1969년에는 무량수전 번와(飜瓦) 불사를 하였으며 1977년부터 1980년에 걸쳐 전체 사역(寺域)을 정화하면서 일주문, 천왕문, 승당(崇堂) 등을 신축하였다.

부석사의 불교사적 위치

신라 화엄종의 종찰

신라의 불교는 눌지왕 때에 들어와 법흥왕 때에 수용(受容)된 뒤에 크게 발전하였다. 중국을 통하여 전입된 교학 불교는 신라 불교로 하여금 종파성을 띠게 하였는데 가장 특징적으로 운위되는 종파는 화엄종(華嚴宗)과 법상종(法相宗)이다. 그 가운데에서도 전법(傳法) 사실이 뚜렷하고 종찰(宗刹)이 확실한 것은 의상의 화엄종이다. 부석사는 우리나라 화엄종의 본찰로 초조인 의상 이래 그 전법 제자들에 의해 지켜져 온 중요한 사찰이다.

의상은 676년에 부석사에 자리잡은 뒤 입적할 때까지 이곳을 떠나지 않았고 그의 법을 이은 법손들 역시 마찬가지였다. 부석사 원융 국사비에는 지엄으로부터 법을 전해 받은 의상이 다시 제자들에게 전법하여 원융 국사에까지 이른 것과 원융 국사가 법손이 된 뒤 부석사에 자리잡았다는 사실 등이 밝혀져 있다.

최치원이 「해동화엄초조기신원문(海東華嚴初祖忌晨願文)」에서 의상이 해동 화엄의 초조(初祖)라고 밝혔지만, 그 이전에 이미 우리 나라에 화엄경이 들어와 소개되었다는 견해도 있다. 그러나 그것은 『화엄경』의 일부를 강설한 것에 불과하다. 화엄종으로 10여 년을 수학하고 그 법통을 제대로 이은 사람은 의상 대사뿐이다. 그는 신라인들이 은신처 정도로 여겼던 궁벽한 부석산을 신라 제일의 수도 도량으로 만들었으며 그의 제자들에 의해 오늘날과 같은 어마어마한 규모의 거찰이 되게 하였다.

의상의 전법 당시 신라의 불교계에는 유가유식(瑜伽唯識)이 만연해 있었고 유가 계통의 승려들과 신인종 승려들의 득세로 화엄종은 중앙 정계에서 큰 빛을 보지 못하다가 부석산에서 제자 양성과 수도에 힘써 부석종(浮石宗)이라 불릴 정도로 전국적인 명성을 얻게 되었던 것이다. 의상의 사민 평등 사상은 하층민에서 준수한 교학승에 이르는 다양한 계층의 제자를 그의 문하에 두게 하였다.

의상의 「화엄일승법계도」

의상은 『화엄경』(60화엄)을 기본 골조로 그 대의를 강하였다. 주로 「법계도기」를 중심으로 전체적인 화엄종의 골격을 극명하게 드러내어 전수하였고 수행 방법으로 화엄관을 병행하여 닦아 나갔다. 『송고승전』 권4 「석의상전」에는 이를 다음과 같이 표현하였다.

법사는 설한 바와 같이 행함을 귀하게 여겨 강의뿐만 아니라 수행을 부지런히 하였다. 세계와 국토를 장엄하여 조금도 두려워하거나 꺼리는 일이 없었고 항상 온화하고 서늘하였다. 또 의정(義淨) 스님의 세예법(洗穢法)을 좇아 수건도 사용하지 않았고 저절로 마르도록 내버려 두었다. 의복, 병, 발우 이외에는 아무것

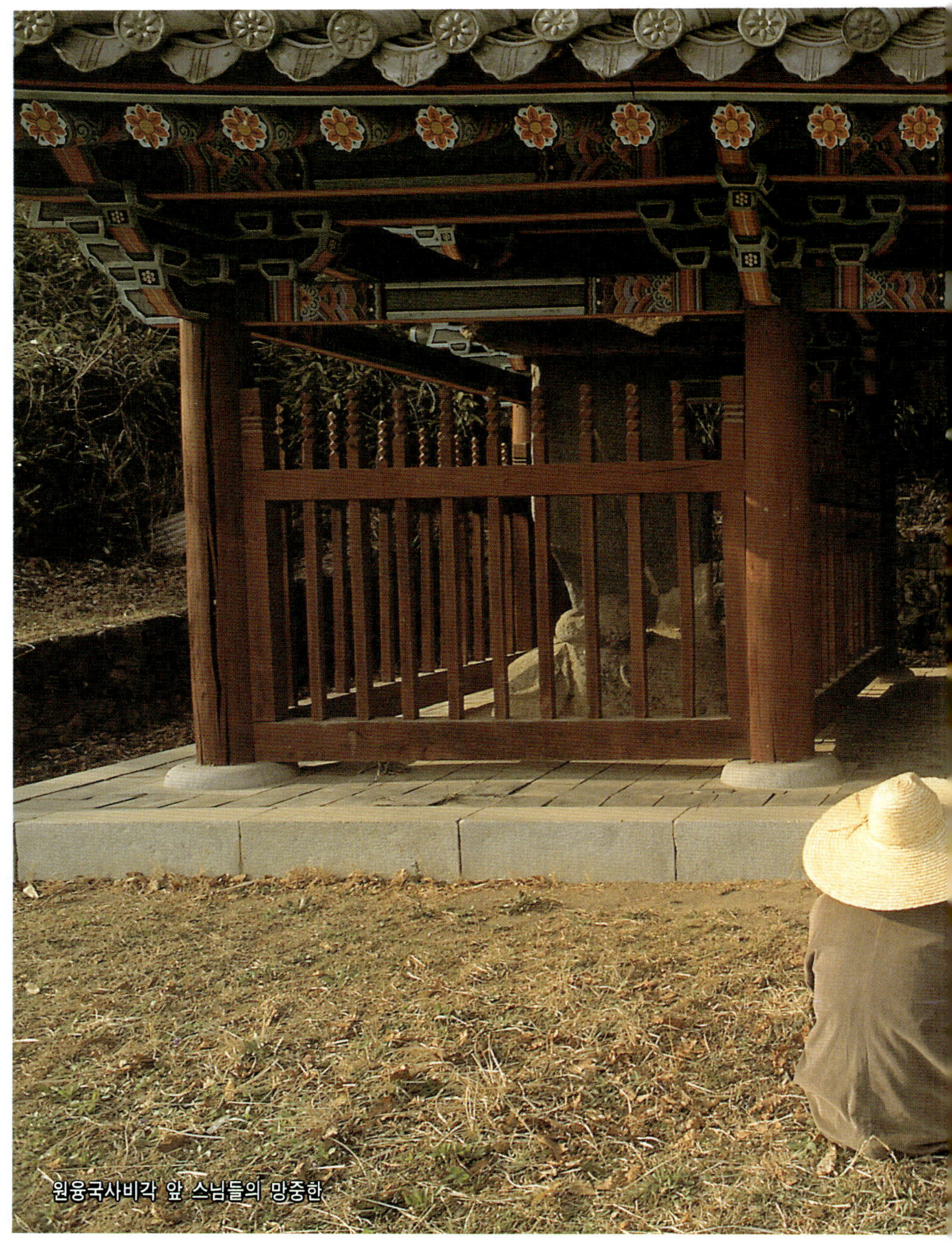

원융국사비각 앞 스님들의 망중한

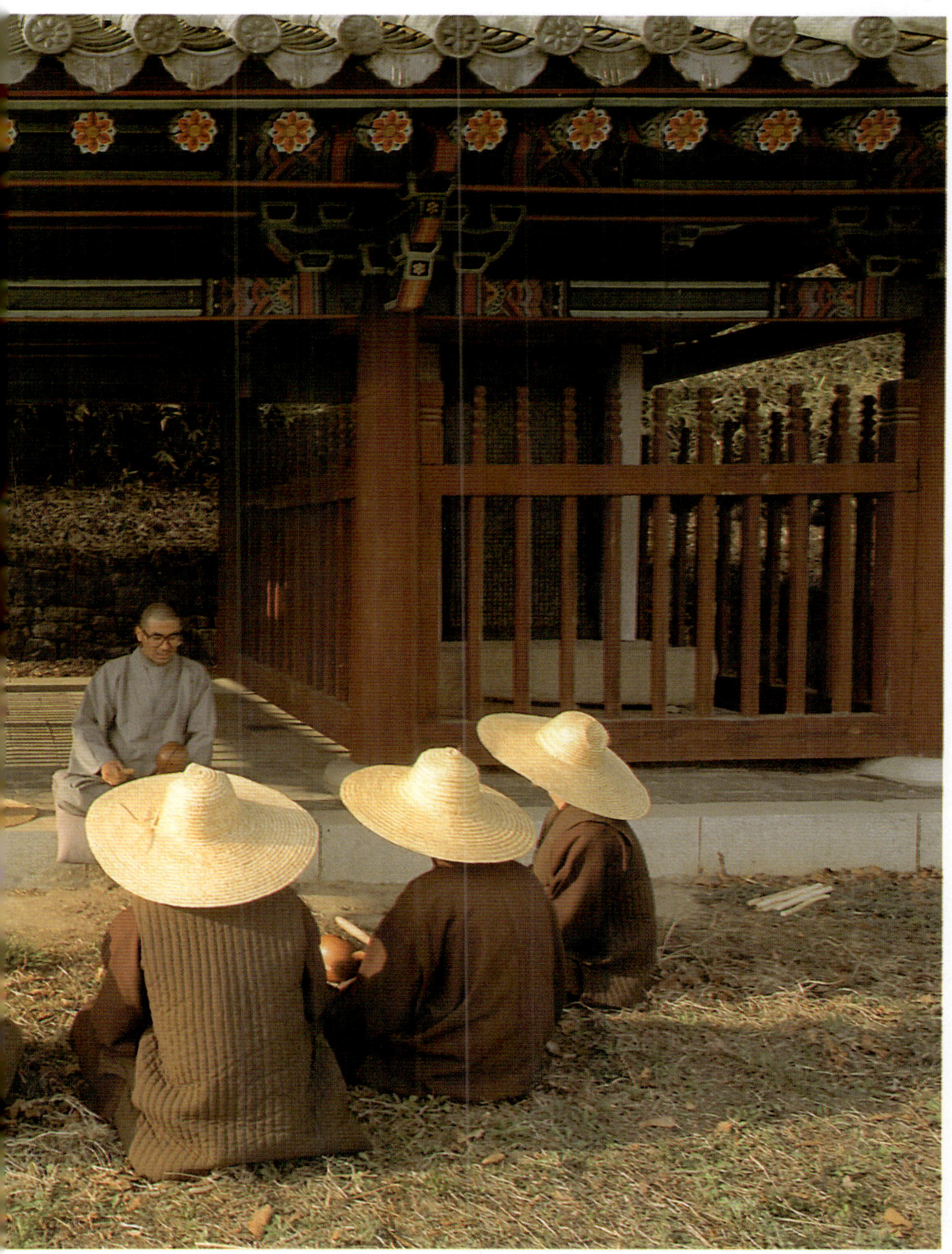

도 몸에 간직하지 않았다.

「화엄일승법계도기(華嚴一乘法界圖記)」는 의상 화엄 사상의 정수라 할 만한데 화엄경의 내용을 30구 210자 54각의 인도(印道)로 축약해 놓았다. 이것을 누가 썼느냐 하는 데 이견이 있기는 하나 법계도의 자서(自敍) 첫머리 해석 부분에 "이(理)와 교(敎)에 의거하여 간략히 반시를 지었다(依理據敎 略制槃詩)"는 내용으로 보아 의상의 저술임이 확실하다. 곧 의상은 법계도의 자서에서 이(理)에 의하고 교(敎)에 근거하여 간략한 반시(槃詩)를 만들었는데 이름에만 집착하는 무리들이 그 이름마저도 공허한, 참된 근원으로 되돌아가게 하려 함이었다. 그 내용은 다음과 같다.

법성(法性)은 원융(圓融)하여 두 모습이 없고
모든 법은 부동(不動)하여 본래 고요하다.
이름도 없고 형상도 없고 일체(一切)가 끊어져
깨달아 알 바요 다른 경지는 아니다.
진성(眞性)은 매우 깊고 극히 미묘해
자성(自性)을 지키지 않고 연(緣)을 따라 이룬다.
하나 안에 일체가 있고 여럿 가운데 하나가 있으며
하나가 곧 일체요 다(多)가 곧 일이다.
한 티끌 속에 시방(十方) 세계를 포함하고
모든 티끌 속에도 이와 같다.
한량없는 먼 시간이 곧 한 생각이요
한 생각이 곧 무량한 시간이다.
구세(九世)와 십세(十世)가 서로 부합하지만

흐트러지지 않고 따로 이룬다.
처음 발심할 때가 곧 정각이요
생사와 열반이 항상 함께한다.
이(理)와 사(事)가 명연하여 분별이 없으니
십불(十佛)과 보현의 대인(大人) 경계이다.
부처님의 해인삼매 속에 들어가
번출(繁出)의 여의함이 부사의한지라
우보(雨寶)가 중생을 도와 허공을 채우니
중생이 그릇을 따라 이익을 얻는다.
그러므로 수행자가 본제(本際)에 되돌아가
망상을 끊어 버려 다시 얻지 않는다.
걸림 없는 선교방편 뜻대로 잡아
귀가함에 분수 따라 자량(資糧) 얻는다.
다라니(陀羅尼)의 무진한 보배로
법계의 진실한 보전(寶殿)을 장엄하여
마침내 실제의 중도 자리에 앉으니
예부터 부동하여 부처라 이름한다.

法性圓融無二相　諸法不動本來寂
無名無相絶一切　證智所知非餘境
眞性甚深極微妙　不守自性隨緣成
一中一切多中一　一卽一切多卽一
一微塵中含十方　一切塵中亦如是
無量遠劫卽一念　一念卽是無量劫
九世十世互相卽　仍不雜亂隔別成

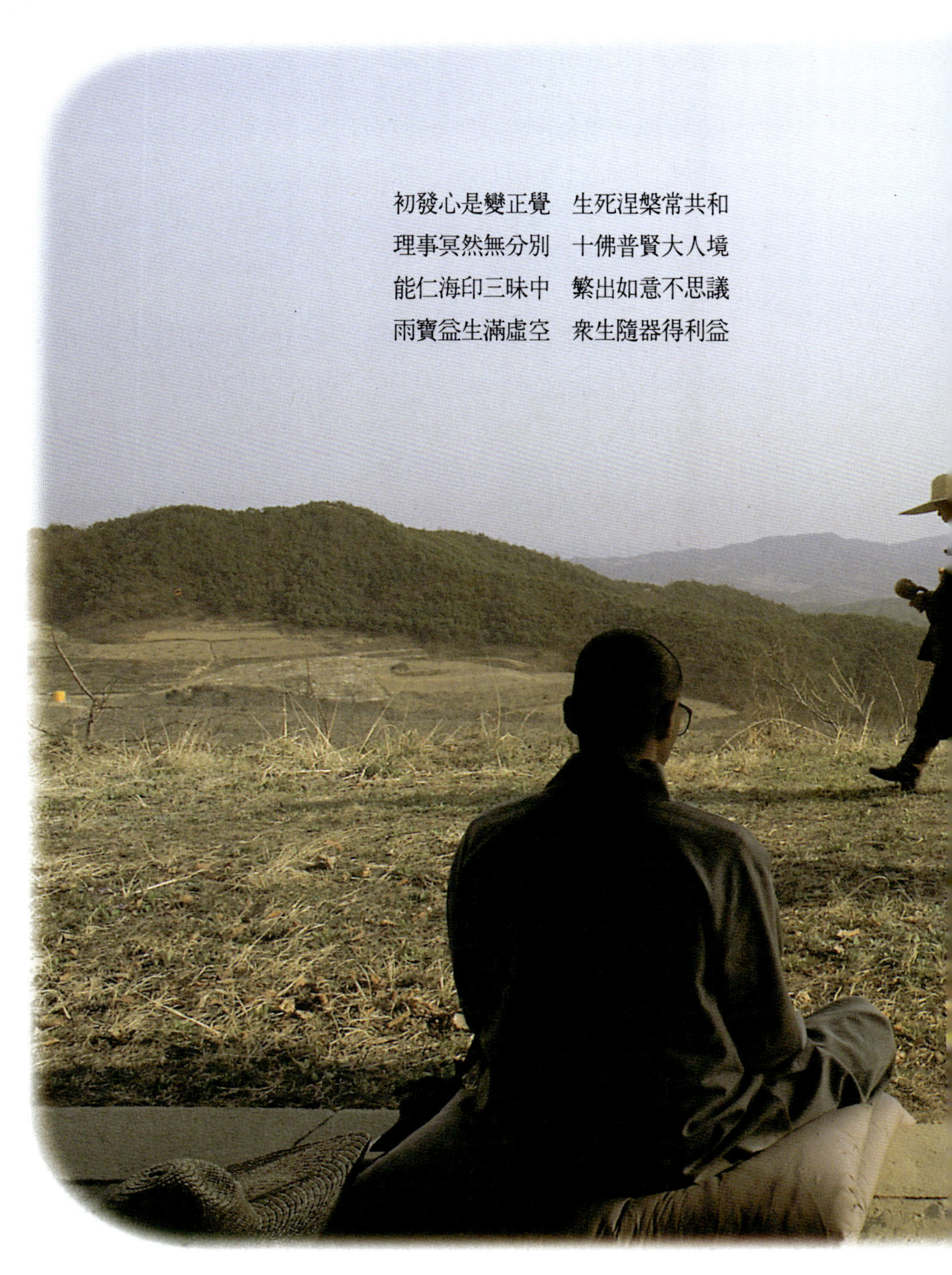

初發心是變正覺　生死涅槃常共和
理事冥然無分別　十佛普賢大人境
能仁海印三昧中　繁出如意不思議
雨寶盆生滿虛空　衆生隨器得利益

是故行者還本際　叵息妄想必不得

無緣善巧捉如意　歸家隨分得資糧

以陀羅尼無盡寶　莊嚴法界實寶殿

窮坐實際中道床　舊來不動名爲佛

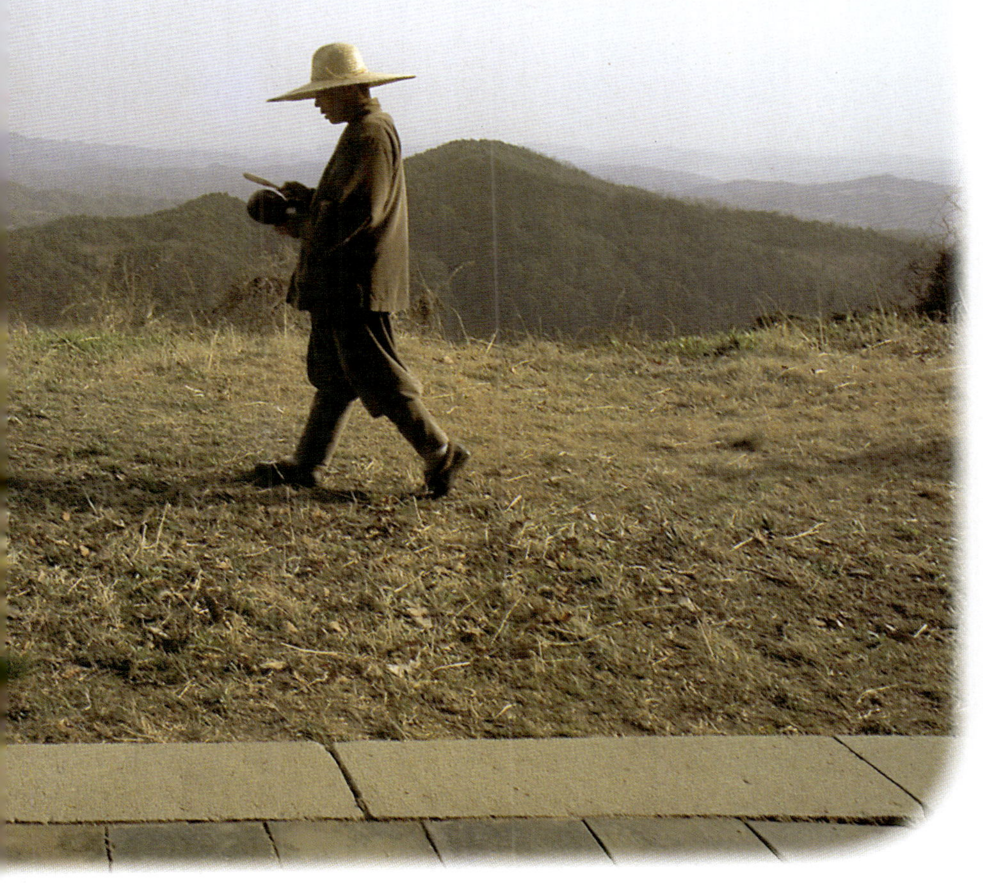

이 일승법계도의 시(詩) 곧 법성게(法性偈)는 『화엄경』과 『십지경론(十地經論)』에 의해 일승원교(一乘圓敎)의 종요(宗要)를 나타낸 것으로 668년 7월 15일에 지었다. 최치원은 『의상전』에서 이 법계도가 만들어지는 과정을 다음과 같이 기술하였다.

의상이 스승 지엄의 문하에서 화엄을 수학할 때였다. 꿈속에 형상이 매우 기이한 신인이 나타나 의상에게 "네 자신이 깨달은 바를 저술하여 사람들에게 베풀어 줌이 마땅하다"고 했다. 또 꿈에 선재가 총명약(聰明藥) 십여 제를 주었다. 그리고 꿈에 청의동자가 세 번째 비결을 주었는데 스승 지엄이 이를 듣고 "신인이 신령스러운 것을 나에게는 한 번 주었는데 네게는 세 번이구나. 널리 수행하여 그 통보를 곧 표현하도록 하라"고 했다. 명을 따라 터득한 것을 그 오묘한 경지에서 부지런히 써서 『대승장(大乘章)』 10권을 엮고 스승에게 잘못을 지적해 주기를 청했다. 지엄은 "뜻은 매우 아름다우나 말은 오히려 옹색하다"고 했다. 이에 물러나 번거롭지 않고 어디에나 걸림이 없게 하였다. 바꾸어 뜻을 세우고 그윽함을 숭상했다고 말할 수 있으니, 스승이 지은 「수현분제지의(搜玄分齊之義)」를 존중한 것이다. 지엄이 의상과 함께 부처님 앞에 나아가 불을 붙이면서 '부처님의 뜻에 계합함이 있다면 원컨대 타지 않기를 빕니다'고 서원했는데 타고 남은 나머지에서 210자를 얻었다. 의상에게 그것을 줍게 해서 다시 간절한 서원을 발하면서 맹렬한 불길 속에 던졌으나 타지 않았다. 지엄이 감동하여 눈물을 흘리면서 칭찬하였다. 의상은 이것을 연결하여 게(偈)가 되게 하기 위해 며칠 동안 문을 걸고 지냈다. 마침내 30구를 이루니 삼관(三觀)의 오묘한 뜻을 포괄하고 십현(十玄)의 아름다움을 드러내었다.

균여, 『일승법계도원통기』上, 『한국불교전서』 4, 1쪽

이 시는 자리행(自利行)의 법성 자체인 증분(證分), 연기분(緣起分), 이타행(利他行) 및 수행 방편과 득익(得益)으로 구성되어 있으며 그 내용은 법성관(法性觀), 구래성불론(舊來成佛論), 해인삼매론(海印三昧論)으로 요약된다.

이러한 의상의 화엄 사상은 화엄성기사상(華嚴性起思想)으로도 불린다. 곧 법성은 중도(中道)이며 무분별이고 무주(無住)여서 모든 것이 무주실상(無住實相)이라는 것이다. 또한 본래적인 증분 법성의 성기 세계(性起世界)가 구체적인 연기로서 현전하고 있다. 일과 다, 일미진과 시방 세계, 무량 원겁과 일념, 초발심과 정각, 생사와 열반, 이(理)와 사(事) 등이 각각 분제(分際)를 보존하면서 진성 수연(眞性隨緣)의 연기로서 움직인다는 것이다. 그러므로 그 연기의 도리를 기반으로 하여 일체 중생이 분에 따라서 이익을 얻는 이타행도 있고 수행의 방편과 득과(得果)의 성취도 있는 것이다.

또한 구래불인 십불의 출현이 해인삼매에 의지한 것이며, 석가여래의 교망이 포괄하는 삼종세간(三種世間)을 해인삼매로 나타내기 위해 법계도가 인의 형식을 취하고 있는 것이다. 의상이 말한 "간다 간다 하지만 그 곳이 바로 본래 그 자리요, 왔다 왔다 하지만 그 곳이 바로 떠난 곳이다(行行本處 至至發處)"가 바로 해인삼매의 모습이다.

그리고 인도(印道)가 오직 하나인 것은 여래의 일음(一音)을 나타내기 위함이다. 그 길에 많은 굴곡이 나타나는 까닭은 중생의 근

기와 욕심이 다르기 때문이니 삼승교(三乘敎)가 이에 해당한다. 하나의 길에 처음과 끝이 없는 까닭은 여래의 선교 방편에는 일정한 방법이 없고 대응하는 세계에 따라 융통성 있게 나타나기 때문이고, 이것은 원교(圓敎)에 해당한다. 사각으로 이루어진 사면은 사섭(四攝)과 사무량(四無量)을 나타낸 것이다. 이 인도는 삼승에 의하여 일승을 드러낸다.

이상의 내용을 요약해 보면 의상 화엄 사상의 요체는 연기(緣起)의 정법(正法)을 바로 알아 상대적인 관계 속에서 유지되는 세상의 모습을 바로 보고, 거기서 하나와 전체, 일념과 무량한 시간, 진리

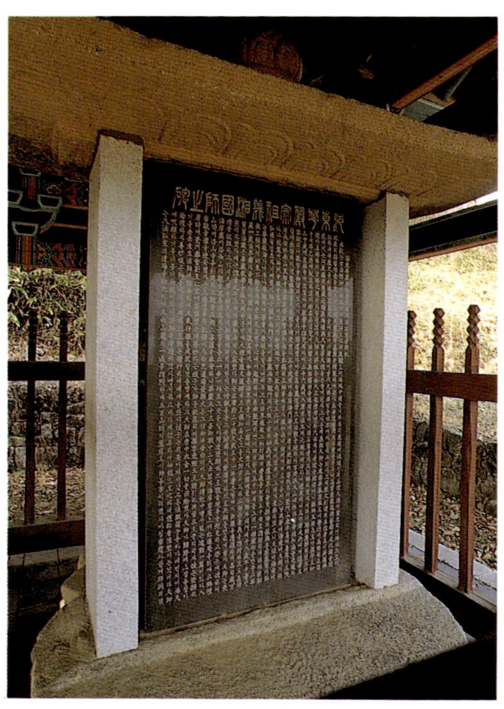

의상국사비 의상 화엄 사상의 요체는 연기(緣起)의 정법을 바로 알아 세상의 모습을 보고, 거기서 하나와 전체, 일념과 무량한 시간, 진리와 현상의 운용을 중도(中道)의 관념으로 꿰뚫어 본다는 것이다.

와 현상의 운용을 중도(中道)의 관념으로 꿰뚫어 본다는 것이다.

신라 말 고려 초에 이르면 의상의 법계도기에 대한 주석에 변화가 나타난다. 고려 초 균여가 주석한 「일승법계도원통기」를 보면 그 내용을 정조자(定造者), 석제목(釋題目), 수문석(隨文釋)으로 나누어 설명하고 있다. 균여는 도인이 진본경(晉本經, 60화엄)에 의거하여 서술한 것이므로 수문석의 초 9자를 80화엄의 9회에 배당할 수 없다고 하였다. 60, 80, 40화엄에 따라 법계도기를 다양하게 해석할 수 있음을 의미한다.

고려 후기에 이르러 저자 미상의 『법계도기총수록』 4권에서는 신라 당시의 주석서라고 할 수 있는 도신장, 법융대덕기, 진수대덕기, 대기 등과 균여의 여러 저술들까지 수록했다.

조선 전기에는 설잠(雪岑) 김시습이 『대화엄일승법계도주(大華嚴一乘法界圖註)』 1권을 냈고, 유문(有聞)이 『법성게과주(法性偈科註)』를 낸 이후 오늘날까지 법성게(法性偈)라는 이름이 애송된다.

부석사와 아미타 신앙

의상 화엄학의 사상적 특질은 의지(義持)라는 그의 별호에 걸맞게 실천 운동을 근본으로 삼았다. 의상의 신행은 낙산사 창건 설화에 나타난 관음 신앙과 부석사 아미타불의 봉안으로 알 수 있는 아미타 신앙이다. 현실의 고난에서 구제하려는 관음 신앙과 극락 왕생을 희구하는 아미타 신앙이 융합적이고 습합(習合)적인 형태로 나타난 것이다. 서민 불교적인 아미타 정토 신앙이 부석사의 구조에 반영되었다.

예컨대 의상은 일승의 아미타불을 숭앙하여 보처도 없는 아미타불만을 모셨다. 현재 부석사 무량수전도 아미타여래만을 모시고 있다. 「부석사 원융국사비문」에는 다음과 같은 내용이 있다.

> 일승(一乘) 아미타불(阿彌陀佛)은 열반에 드는 일이 없으며 시방정토(十方淨土)를 체(體)로 삼고 생멸상(生滅相)이 없다. 『화엄경』「입법계품(入法界品)」에 이르기를, 혹 아미타불과 관세음보살을 보거나 관정(灌頂)하여 수기(授記)를 받은 자는 모든 법계(法界)에 충만하여 처소와 빈 자리를 보충한다고 하였다. 불타는 열반하지 않고 비는 때도 없다. 그런 까닭에 보처보살을 조성하지 않으며 탑도 세우지 않으니 이것이 일승의 깊은 뜻이다.
>
> 『조선금석총람』上, 271쪽

의상은 아미타불을 화엄 사상과 같은 일승(一乘)으로 이해한 동시에 열반에 들지 않고 생멸상이 없는 현재불(現在佛)로 파악하였다. 이러한 의상의 인식은 신앙의 대상이 세대적 계열에 있는 과거의 석가불과 미래의 미륵불 대신 아미타불로 바뀐 중국의 신앙 대상 변화와도 상통한다. 곧 의상은 온 우주를 포섭하는 화엄이라는 사상적 배경 위에 극락 정토의 현실화, 신라의 정토화를 위해 부석사를 창건하였다는 것이다.

또한 지엄이 말하길 일승의 입장에서 보면 극락은 연화장 세계에 통섭되어 원융 상즉하고 극락 왕생은 곧 연화장 세계로 왕생하는 것이라고 하였다. 이 같은 지엄의 생각은 의상에게 영향을 주어 아미타불과 비로자나불의 세계가 조화를 이루도록 했다.

　의상은 극락이 타방 세계에 실재하는 불국토라기보다 깨달음의 세계라는 입장에 서 있었다. 일승의 입장에서는 자성의 본각을 깨달은 경계가 정토이므로 예토와 정토가 하나이며 일심(一心)이라는 것이다. 그러나 근기가 낮은 미혹한 중생을 위해 서방 극락 세계를 부정하지 않았고 극락에 왕생함으로써 삼계를 벗어난다고 설파했다. 곧 중생은 자신의 불성을 믿지 않고 미혹에 빠져 있으므로 부처님의 자비력에 의지하라고 권유하였는데, 그래서 현재불로서 중생 구제를 서원한 아미타불에 귀의하도록 하였다.

　그런데 의상의 아미타불 신앙은 그가 출가한 황복사에서 이루어졌다는 점에 주목해야 한다. 신라의 성덕왕은 황복사 3층석탑 안에 순금제 아미타상을 사리함과 함께 봉안하였고 문무왕에서 성덕왕으로 이어지는 신라의 중대 왕실은 적극적으로 아미타 신앙을 수용하였다. 다시 말하자면 의상은 아미타불을 신앙한 황복사에서 출가한 뒤 원효와 함께 고구려 보덕 대사의 『열반경』 강의를 듣는 등 여러 선지식을 찾아 다니며 수행하다가 현장의 신유식을 배우기 위해 중국행을 감행했다. 따라서 아미타불 신앙은 의상이 화엄학승이 되기 이전에 이미 본국에서 형성된 것이다. 아미타불 신앙의 바탕 위에 새롭게 수용한 화엄학이 서로 조화를 이루어 부석사의 조형에도 영향을 끼쳤다.

　신라의 정토 교학은 7, 8세기경 유식과 화엄 계통에 종사했던 이들에 의해 『무량수경』 위주의 48원(願) 해석 방법을 연구했고 미륵 정토와 미타 정토가 비교 논술되었으며 십념염불(十念念佛)만으로 정토왕생(淨土往生)이 가능하다는 독특한 참법(懺法)을 실행하였다. 이 정토 교학이 뒷받침된 아미타 신앙은 경덕왕 대에 이르러 절정에 달하는데, 부석사는 『무량수경』을 바탕으로 한 구품 사상

(九品思想)이 반영된 구조로서 신라 하대에 크게 중창된 것이다.

의상이 저술한 『아미타경의기(阿彌陀經義記)』 1권과 「서방가(西方歌)」는 아미타 신앙에 대한 그의 관심을 나타낸 것이다. 또한 의상은 「일승발원문(一乘發願文)」에서 화엄경 세계에 왕생하여 비로자나불을 친견하기를 소원하였다. 그는 아미타 신앙과 화엄 신앙을 원융하게 조화시켰던 것이다.

건축

　건축가들에게 한국 전통 건축의 특성을 가장 잘 느낄 수 있는 사찰을 말하라면 대개 영주 부석사(浮石寺)를 첫 손가락에 꼽는다. 그만큼 부석사는 전통 건축에서 느낄 수 있는 멋과 맛을 모두 갖추고 있다.

　신라시대 의상 조사가 창건한 이후 고려와 조선시대를 거치면서도 법등이 끊기지 않은 오랜 역사성, 이 절만이 갖는 독특한 공간구조와 장엄한 석축단, 당당하면서도 우아함을 보이는 세련된 건물들, 오랜 세월을 거치며 단련된 공장(工匠)의 체취가 배어날 듯한 디테일은 부석사가 우리나라 사찰 가운데 으뜸을 차지하게 하는 요소들이다.

　부석사의 우수한 건축미는 서양의 건축과 문화에 식상한 우리들에게 가슴이 확 트일 만큼 시원한 청량제가 된다. 뿐만 아니라 우리에게 앞으로 전통을 계승해 나갈 방향까지도 제시한다. 이런 맥락에서 부석사는 진정한 한국 건축의 고전(古典)이라 하여도 지나치지 않다.

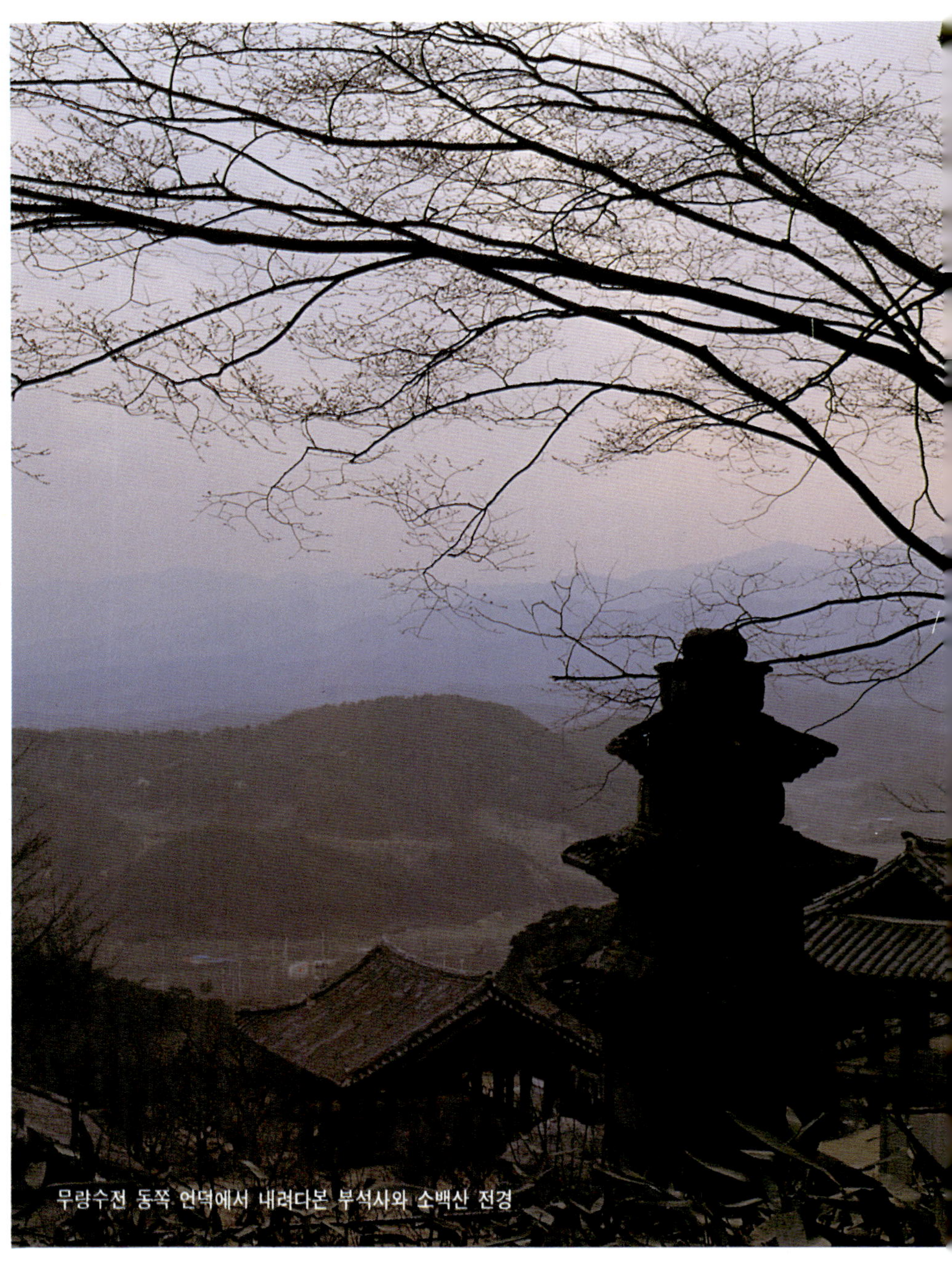

무량수전 동쪽 언덕에서 내려다본 부석사와 소백산 전경

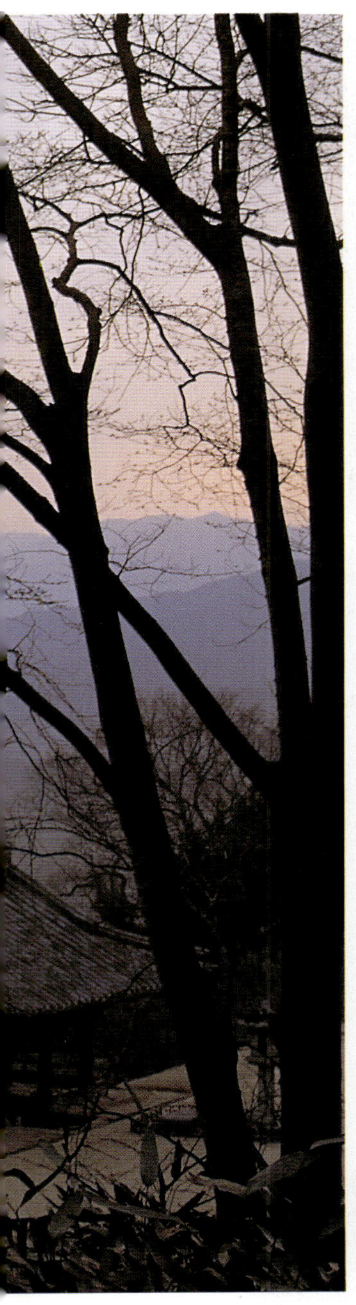

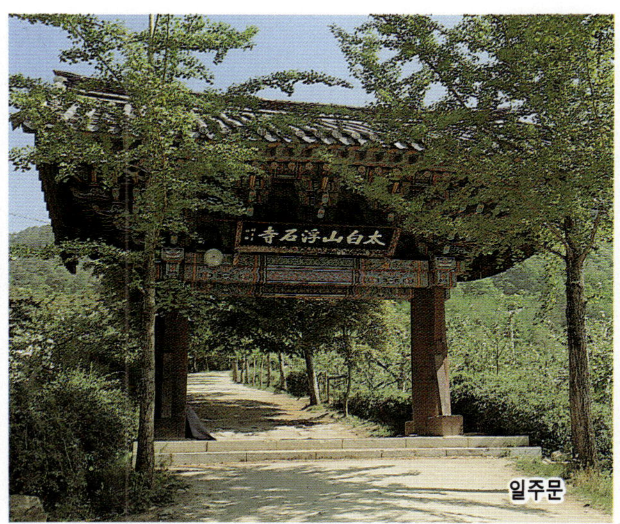

일주문

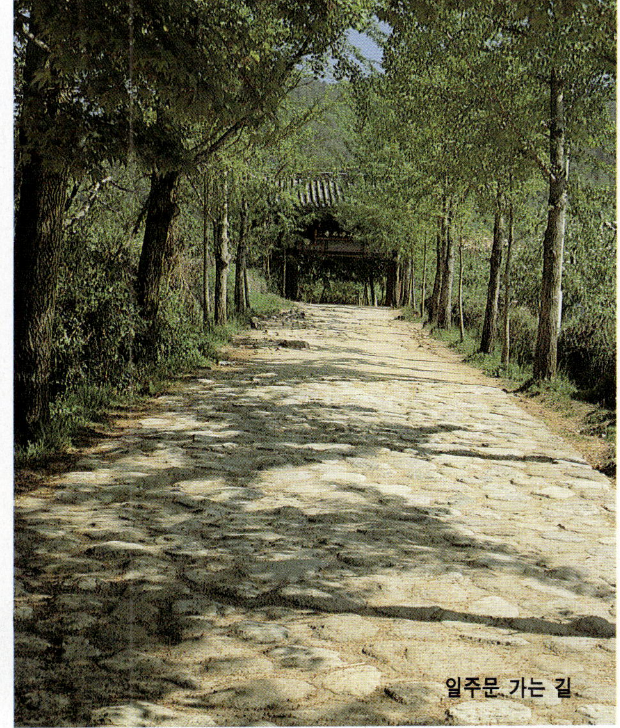

일주문 가는 길

그렇기에 많은 건축사학자와 건축가들이 부석사를 연구하여 왔지만 부석사의 건축에는 이러한 연구나 글로 충족되지 않는 곧 우리의 지식만으로 읽히지 않는 그 무엇인가가 내재되어 있다.

가람의 입지

사찰을 보려면 먼저 건물들이 놓인 터와 그 주변의 산세를 살펴보는 게 순서이다. 놓일 자리에 따라 건물의 조형도 달라지기 때문이다. 선조들은 국(局)이 넓은 땅에서는 건물을 비교적 넓게 배치하되 높은 건물을 정점으로 조화를 이루도록 하였으며 국이 좁고 가파른 땅에서는 높은 석축과 건물을 잘 이용하여 짜임새 있게 공간 배치를 하였다. 부석사의 경우는 물론 후자에 속한다.

부석사가 위치한 곳은 봉황산(鳳凰山) 중턱이다. 백두산에서 시작한 산줄기가 태백산에서 멈추고 방향을 바꾸어 서남쪽으로 비스듬히 달려 이룬 것이 소백산맥이다. 태백산에서 뻗은 줄기가 구룡산, 옥석산, 선달산으로 솟구치다가 소백산으로 이어져 형제봉, 국망봉, 비로봉, 연화봉을 이루었다.

부석사가 위치한 봉황산은 선달산에서 다시 서남쪽으로 뻗은 줄기에 위치한다. 동쪽으로는 문수산, 남쪽으로는 학가산의 맥이 휘어들고 서쪽으로 소백산맥이 휘어돌아 거대한 울타리를 이루고 있는 가운데 위치하여 뭇 산의 크고 작은 봉우리들이 봉황산을 향하여 읍하고 있는 형상이다. 풍수지리상으로도 뛰어난 길지(吉地)에 속한다.

부석사가 들어선 터는 그리 넓은 편이 아니다. 그나마도 구릉지에 위치하고 있어 경사가 심하다. 그럼에도 불구하고 정작 부석사에 들어서면 국(局)이 협소하다는 느낌이 들지 않는다. 오솔길을 따라 절에 들어서면 높직한 석축단에 의하여 구분된 터에 드문드문 건물이 배치되어 있어 뒤돌아볼 여유를 가질 수 있고 내려가는 길에는 건물 지붕 위로 보이는 전면의 조망이 시원스럽게 펼쳐지기 때문이다.

석양이 뉘엿거릴 무렵 안양루 쪽에서 멀리 도솔봉 쪽을 바라보면 펼쳐 있는 소백의 연봉들이 장관을 이룬다. 초점이 되는 도솔봉 오른쪽으로는 아스라이 죽령(竹嶺)이 보인다. 가히 대단한 경승지라 할 수 있다. 그러기에 의상 조사가 당나라에서 돌아와 화엄의 가르침을 베풀 땅을 찾아 산천을 두루 편력할 때 500이나 되는 이단 사상의 무리들이 이곳에 모여 있었는지도 모른다.

부석사가 이곳에 자리잡은 것은 소백 연봉의 장관을 바라볼 수 있는 경승지이거나 조용한 수도처였기 때문만은 아니다. 소백의 봉우리들이 잠시 고개를 숙인 곳 죽령은 예로부터 지리적·군사적 요충지였다. 죽령은 신라 변경의 관문에 해당되는데 이곳을 넘으면 곧바로 백제와 고구려 땅으로 통할 수 있었다. 뿐만 아니라 봉황산 옆의 마아령을 넘으면 충청도 영춘 땅에 이를 수도 있었다. 따라서 이 절의 창건에는 죽령을 경영하려는 의도도 있었으리라 생각된다.

선묘가 용으로 변신했다가 의상 조사를 돕기 위해 다시 부석으로 변하여 공중에 떠 있는 이적을 보임으로써 이 터를 선점하였던 무리들을 흩어 놓았다는 창건 설화는 당시의 정치적 상황에 근거한 것 같다. 삼국 통일 당시 정부에 반대하는 세력이 운집한 죽령을 확보하기 위하여 왕이(용이라 표현) 의상 조사를 도와 그 무리들을 몰아내고 통일신라 사회에서 중요한 역할을 할 화엄종의 중심 사

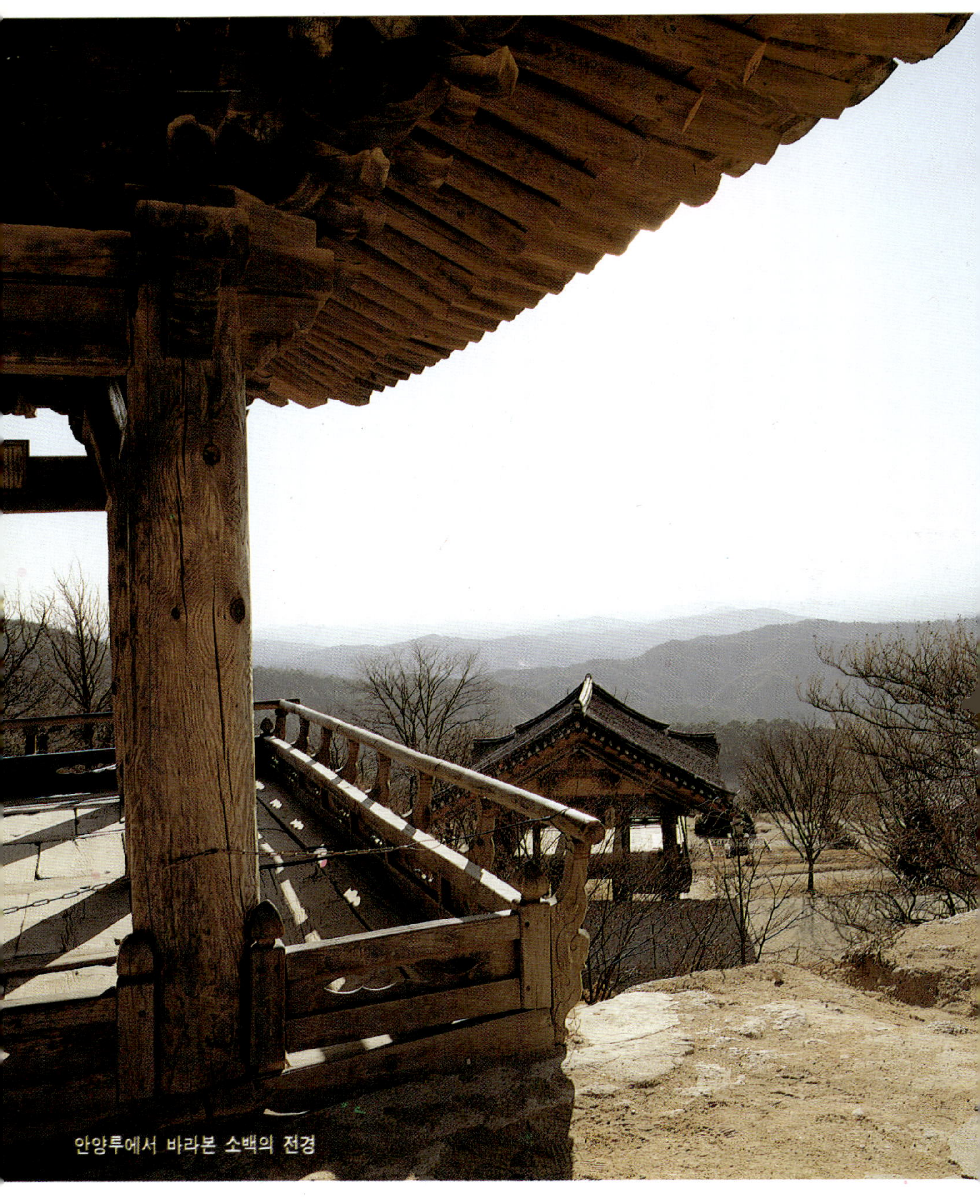

안양루에서 바라본 소백의 전경

찰을 건립한 사실을 말하는 것이다.

짓게 된 동기가 어떻든 간에 절이 위치한 터가 대단한 것은 틀림없으며 그 터를 고른 의상 조사도 뛰어난 안목을 가졌다고 할 수 있다. 의상 조사는 『청구비결』이라는 지리서를 쓸 만큼 풍수지리 방면에 조예가 깊어 한국 도가(道家)의 비조로 불리우는 인물이다. 그런 지리적 식견을 가졌기에 이 같은 천혜의 땅을 고를 수 있었던 것이다.

가람의 배치와 공간 구조

배치와 공간 구조

산지나 구릉에 지어진 우리나라의 사찰은 대부분 종심형(縱心型) 공간 구조를 가지고 있다. 중심축을 따라 입구에서 안으로 들어갈수록 공간의 위계(位階)가 높아지도록 배치되어 있다. 소위 기승전결의 구성인데 부석사도 예외는 아니다. 사찰 입구에서 천왕문까지의 도입 공간이 기(起)라면 대석단 위 범종각까지가 전개해 나가는 공간인 승(承)에 해당되고 여기서 축이 꺾여 전환점을 맞는 안양문까지가 전(轉)의 공간이다. 안양루와 무량수전은 가람의 종국점이므로 결(結)이라 할 수 있다.

입구 안내판을 지나 개울을 건너 호박돌이 깔린 길을 따라 작은 언덕 모퉁이를 돌면 몇 개의 계단이 나오고 그 위에 매표소가 있다. '태백산 부석사'라고 쓴 편액이 걸려 있는 일주문을 지나서 사과밭 사이로 난 경사진 산길을 좀더 오르면 길 한옆에 비스듬히 서 있는 당간지주와 마주치게 된다. 사찰의 종파를 나타내는 깃발인

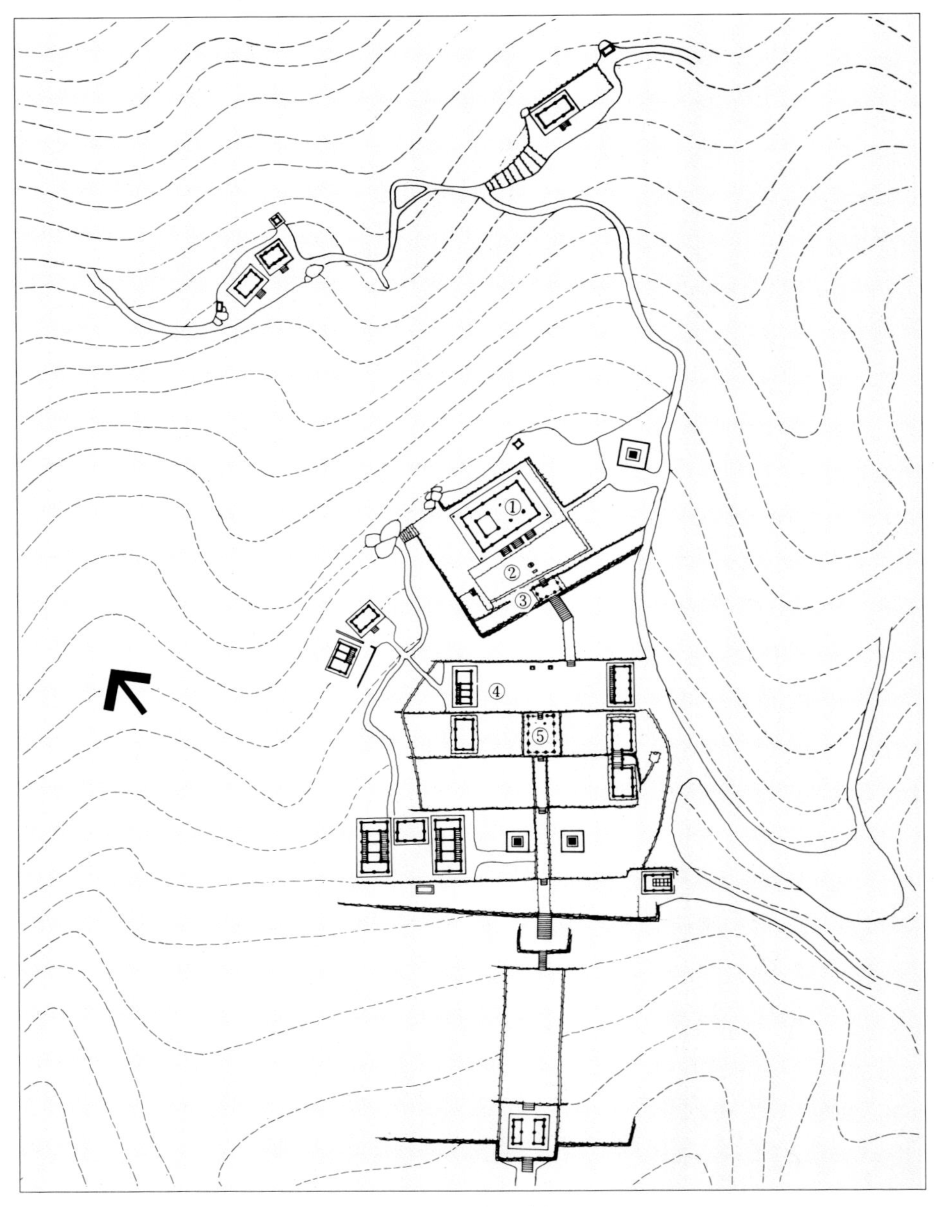

부석사 가람 배치도

① 무량수전 ② 석등 ③ 안양루 ④ 응향각 ⑤ 범종루

당(幢)을 걸던 구조물 가운데 하부 구조만 남은 것이다.

　당간지주를 지나면 경사지에 쌓은 석축이 시작된다. 정연하고 힘
차게 평행선을 그리며 뻗어 나간 여러 단의 석축은 창건 당시의 모
습을 간직하고 있다는데 화엄종찰의 위용을 돋보이게 하였던 중요

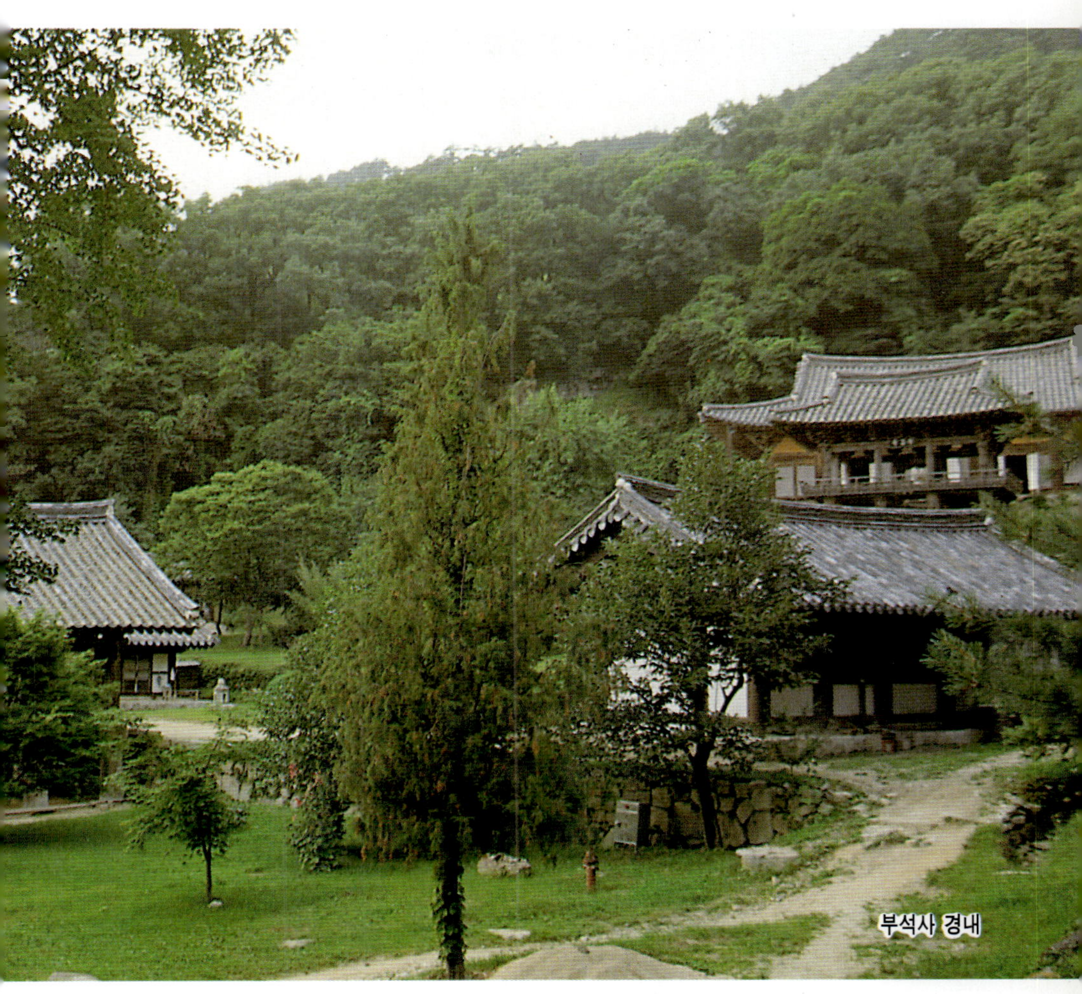

부석사 경내

한 구성 요소이다. 어떤 이는 일주문 위부터 무량수전까지 석축들이 모두 9단으로 크게 3단씩 나누어져 정토 사상의 3배 9품(三輩九品) 왕생의 교리를 상징한다고 한다. 그러나 실제로는 10여 단으로 『화엄경』의 10지관을 나타낸 것으로도 볼 수 있다.

첫번째 석축은 높이가 2.7미터나 된다. 석축 위의 터는 오래 전부터 조계문 터로 전하는데 근년에 발굴 조사를 하고 그 위에 천왕문을 지었다. 천왕문 터는 석축단과 평행을 이루지 않고 약간 경사져 있는 것으로 보아 후대에 만든 것일지도 모른다.

천왕문 중앙칸으로 난 통로를 따라 위쪽으로 계속 올라가면 경사진 대지에 쌓은 낮은 석축단이 한 단 있고 그 위쪽에 전면 길이 13.7미터, 높이 2.5미터 가량 되는 높직한 단(壇)이 있다. 이 단의 전면과 위쪽에는 계단이 나 있다. 일견 문이 있었던 터 같기도 하나 위아래의 계단이 너무 인접하여 있으므로 건물터로 보기는 어렵다. 아마도 대석단으로 올라가면서 잠시 쉴 수 있도록 만든 계단참일 것이다.

대석단은 높이가 4.3미터, 길이가 75미터나 되는 거대한 석축이다. 큼지막한 돌들을 면바르게 맞추어 놓고 그 사이에 작은 잔돌을 끼워 넣어 허튼 층으로 쌓은 것이다. 군데군데 돌을 오려 넣어 자연과 인공을 절묘하게 배합한 수법이 감탄을 자아낸다.

대석단을 올라서면 왼쪽에 연화 대좌와 초석, 맷돌, 석조 등의 유물이 있고 맞은편에는 새로 지은 화장실이 있다. 그 윗단의 낮은 석축을 쌓아 만든 대지 위에는 왼쪽에 종무소로 사용하는 요사채가 있다. 요사채 앞뜰에는 중앙 통로 좌우에 인근 동방 폐사지에서 옮겨 온 석탑 2기가 있다.

이 탑 위쪽으로는 낮은 축단이 하나 더 있고 그 위에 2층 누각인

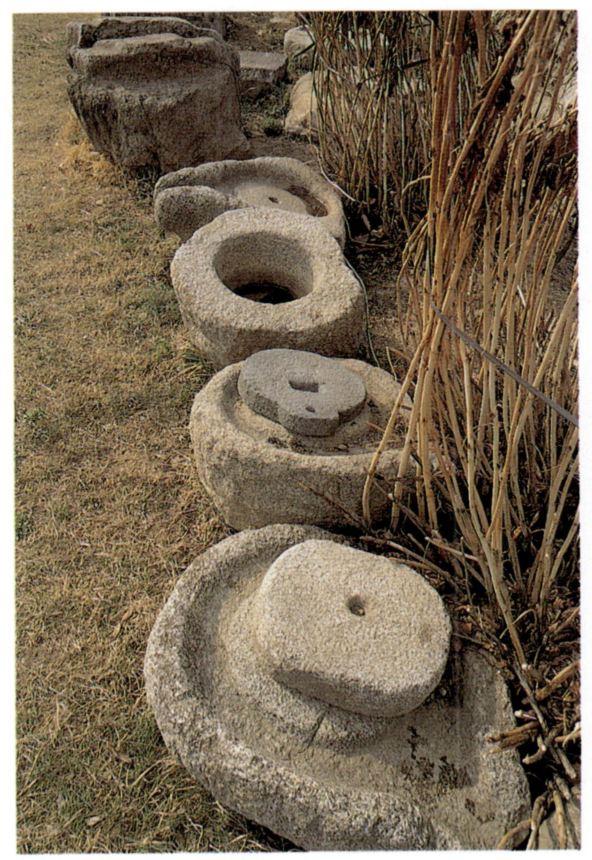

맷돌 대석단에 올라서면 왼쪽에 연화 대좌와 초석, 맷돌, 석조 등의 유물을 볼 수 있다.

범종각이 당당하게 버티고 서 있다. 대석단 위에서 범종각에 이르기까지의 계단들은 일렬이 아니고 약간씩 그 축을 달리한다. 그 계단 앞에 있던 건물들도 축이 약간씩 다르게 진입하여 시각이 다양하게 변하는 역동적인 공간 구조를 이루었던 것 같다. 한국의 사찰 건축에서 흔히 볼 수 있는 구성 기법이다.

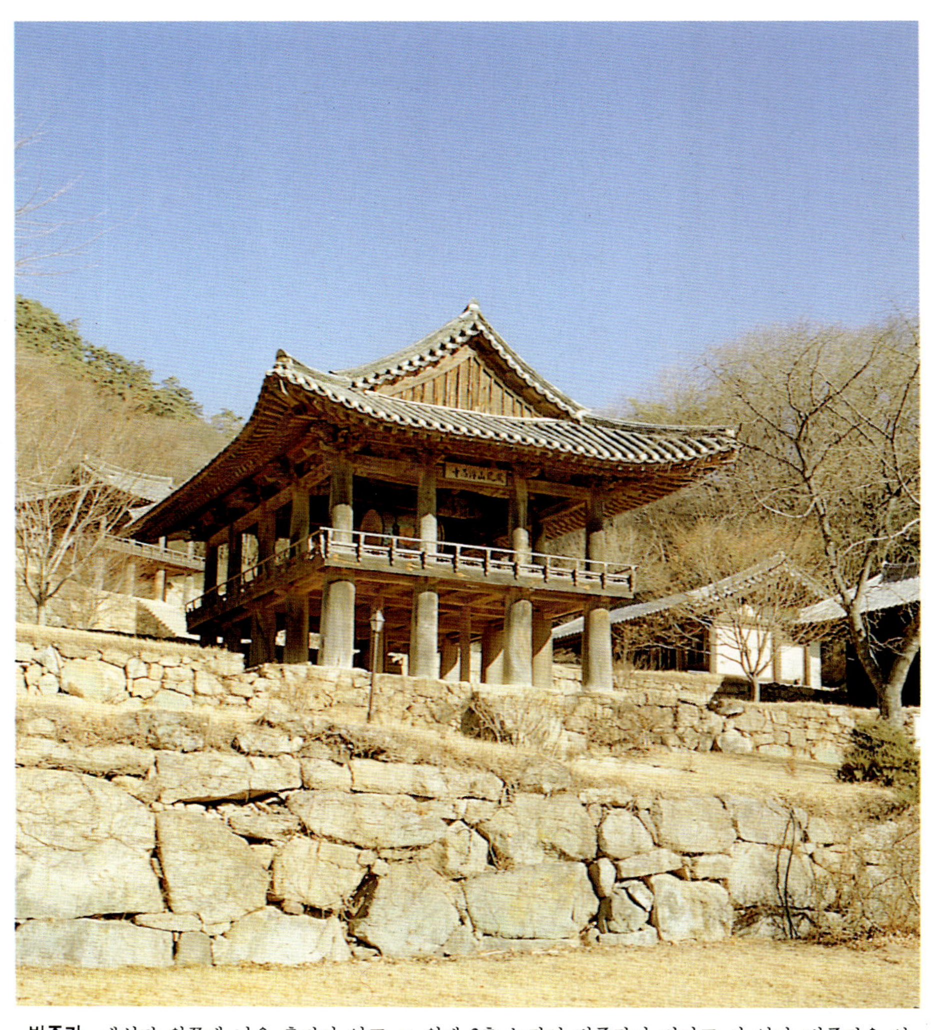

범종각 대석단 위쪽에 낮은 축단이 있고 그 위에 2층 누각인 범종각이 버티고 서 있다. 범종각은 일반 사찰의 누각과 달리 통로상에 위치하기 때문에 정면이 좁고 측면이 넓게 배치되었다.

범종각은 일반 사찰의 누각과 달리 통로상에 위치하기 때문에 정면이 좁고 측면이 넓게 건물이 배치되었고 합각 면이 정면 쪽을 향하고 있다. 범종각 아래로 난 통로를 따라 올라가면 2층 다락과 계단 사이의 틈으로 안양루와 지붕이 반쯤 가려진 무량수전이 눈에 들어온다. 마치 액자에 들어 있는 그림같이 시각을 고정시킴으로써 중요한 건물을 강조하는 폐쇄시각(vista) 기법의 전형적인 예라 할 수 있다.

계단을 올라서면 좌우에 취현암과 응향각이 마주하고 있다. 전면의 넓은 사다리꼴 터 끝에는 무량수전의 대석단이 보이고 석축 위쪽으로 안양루가 비스듬히 서 있다.

천왕문 위부터 범종각까지의 건물축과 안양루에서 무량수전을 잇는 건물축은 약 30도 가량 꺾여 있다. 소위 절선축(折線軸) 형식으로 부석사 공간 구조의 가장 큰 특징이다. 한국 전통 건축에서는 다소 파격적일 만큼 과감한 처리인데도 별로 어색하지 않다. 이렇게 축이 굴절된 예는 김천 직지사(直指寺) 정도에서나 찾아볼 수 있을 정도로 드물다.

범종각의 누하(樓下) 진입 때 시각적 초점이 된 안양루는 동선을 그 쪽으로 유도한다. 안양루는 사각(斜角)으로 볼 때는 투시도 효과 때문에 작은 지붕을 가진 누각이 더욱 날렵하게 보인다. 반면 정면에서는 지붕을 올려다보기 때문에 별로 변화가 없다. 이런 경쾌한 맛이 나지 않는다.

안양루가 있는 대석단은 2단으로 높이가 4미터나 되며 계단 수만도 25단에 이른다. 계단참 없이 일직선으로 뻗은 계단을 오르면 2층 다락과 석축 사이 틈으로 중정의 석등 화사석이 눈에 들어온다. 그렇지만 석등은 안양루 중심에서 약간 왼쪽으로 치우쳐 보인다.

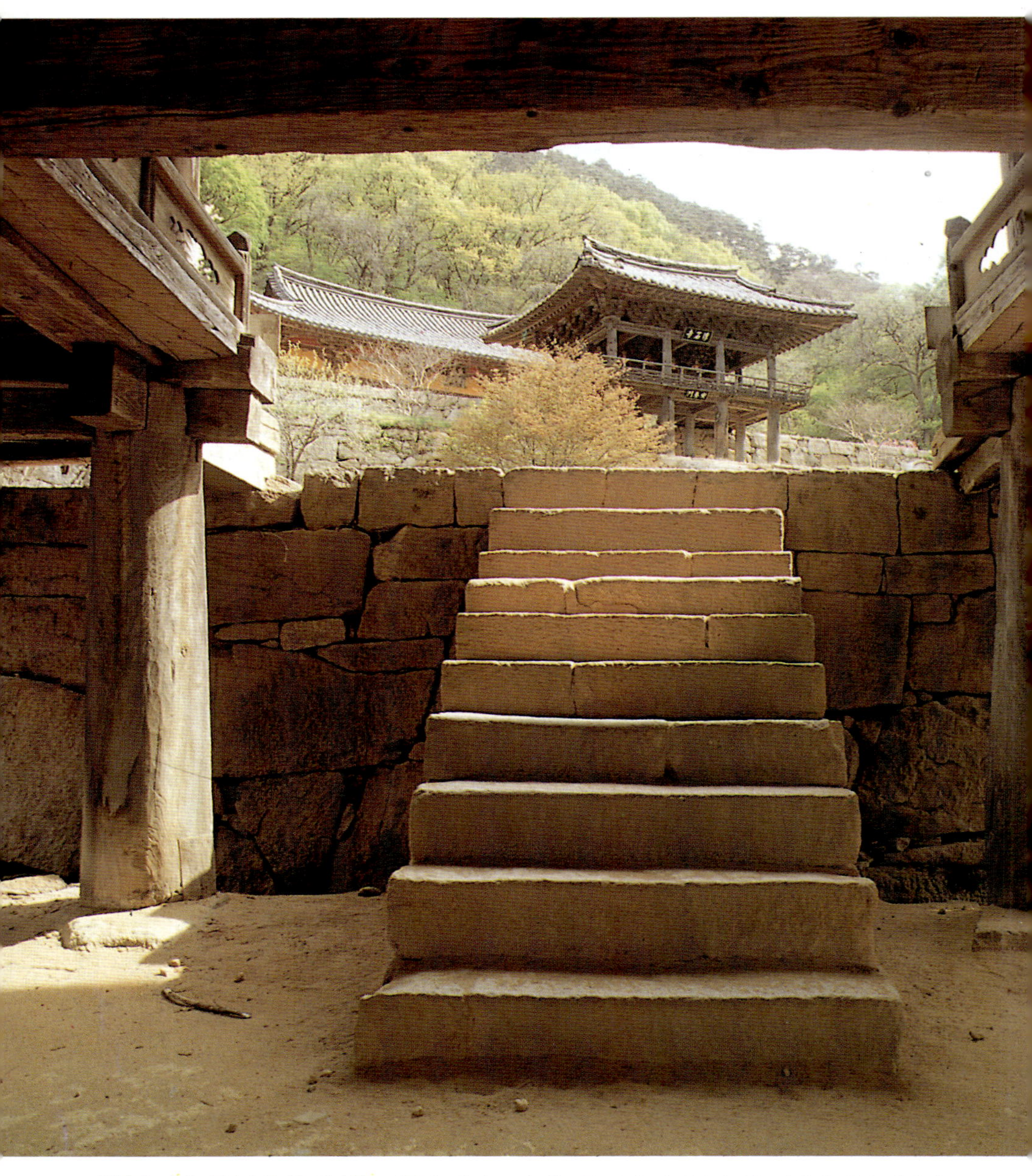

범종각 아래 통로에서 본 안양루 범종각 아래로 난 통로를 따라 올라가면 2층 다락과 계단 사이의 틈으로 안양루와 지붕이 반쯤 가려진 무량수전이 눈에 들어온다. 마치 액자에 들어 있는 그림같이 시각을 고정시킴으로써 중요한 건물을 강조하는 폐쇄시각 기법의 전형적인 예라 할 수 있다.

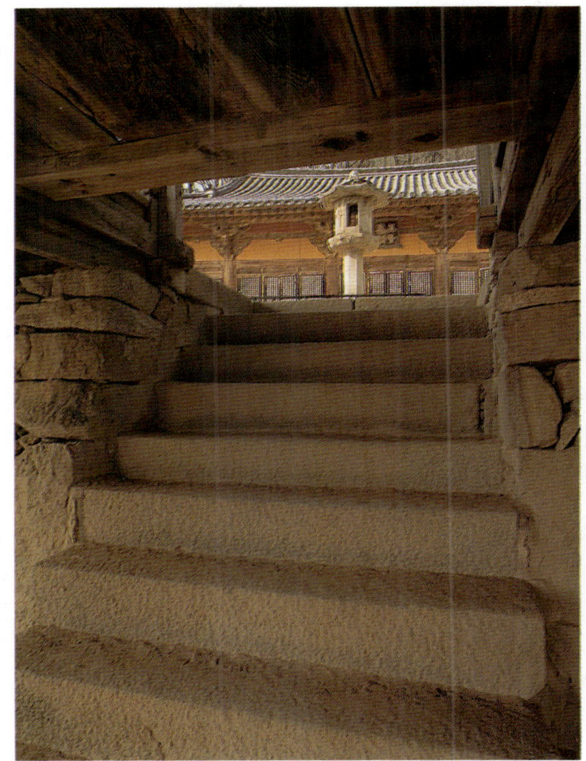

안양루가 석등과 무량수전의 중심에서 약간 벗어나 위치하기 때문
이다. 누하 진입 때 석등이 정확히 중심에 위치하면 대칭 구도로
인해 공간은 생명력을 잃는다. 그렇게 되면 석등이 종국점
(terminus)이 되어 버려 정작 중요한 곳인 무량수전이 있다는 것을
암시할 수 없게 된다. 이는 건물을 지은 목수가 노린 보이지 않는
공간 효과이다.

　안양루 밑을 지나 석축 위로 올라서면 무량수전 앞 중정에 이르
게 되고 활달하고 당당한 모습의 무량수전과 마주하게 된다. 보통
사람들은 잘 느끼지 못하겠지만 이 중정의 형태는 약간 비스듬한

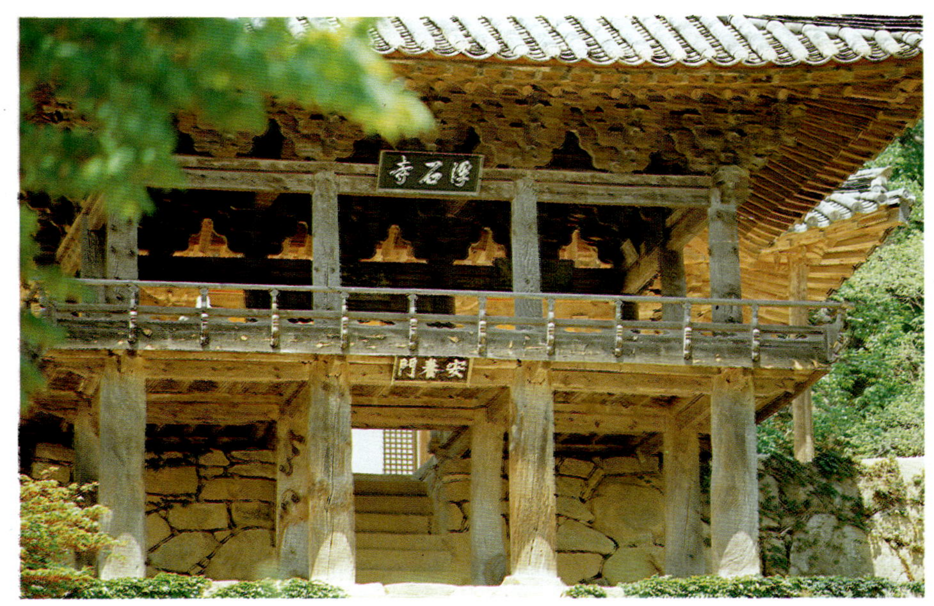

안양루에 비친 무량수전 마치 다섯 구의 불상처럼 보인다.

사다리꼴이다. 안양루의 횡방향 축이 무량수전과 평행하지 않고 약 4도 가량 경사져 있기 때문에 생긴 현상이다. 대칭적인 공간이 정적으로 죽어 있는 공간이라면 사다리꼴의 공간은 동적이며 살아 있는 공간이다. 이러한 사다리꼴 공간은 예산 수덕사(修德寺) 대웅전이나 안동 봉정사(鳳停寺) 극락전 앞의 중정에서도 보이는데 고려시대에 많이 사용된 방식인 것 같다. 무량수전의 동쪽 언덕 위에는 나말여초의 것으로 생각되는 탑이 있다. 원래 부석사에 있던 것이 아니라 후대에 이곳으로 옮겨 온 것으로 추정된다.

부석사의 가람은 무량수전에서 끝나지 않는다. 조사당과 응진전이 여운을 남긴다. 무량수전 북쪽 산비탈의 흙길을 올라가면 두 갈래 길이 나오는데 오른편으로 가면 거의 남향으로 조사당이 배치되어 있고 그 옆에 취현암 옛터가 있다. 신라시대 이래로 선원이 있던 곳이다. 갈랫길로 다시 돌아와 왼편으로 돌아가면 석가여래의 제자인 십육나한을 모신 응진전과 동방 폐사지에서 옮겨 온 석불을 봉안한 자인당이 있는데 이 두 건물은 거의 일렬로 인접해 배치되어 있다.

다시 무량수전 석축에서 북쪽으로 난 좁은 길로 내려가면 이 절의 창건 설화와 관련된 부석이 나오고 그 서쪽에 영조 때 대비의 원당으로 지었다는 삼성각이 있다. 삼성각에 인접하여 주지실로 사용하는 삼보전이 있는데 낮은 담장으로 둘러싸여 주위와 구분되어 있다.

가람 동쪽의 언덕 중간에는 이 절을 중창한 원융 국사의 비각이 있고 그 위쪽으로는 부도전이 있다. 『동국여지승람』에 기우제를 지냈다고 기록되어 있는 식사용정과 선묘정이 각각 가람의 동쪽과 서쪽에 위치하고 있는데 지금은 사용하지 않는다.

이처럼 부석사 공간 구조의 특징은 기승전결 형식을 따른 종심형 가람 배치, 정연하고 힘있는 석축단, 파격적인 축의 설정, 드러나지 않는 교묘한 공간 처리 등으로 요약할 수 있다.

가람 구조의 변천

현재 부석사에 남아 있는 건물들은 과거 전성기의 모습 그대로는 아니다. 창건할 당시의 모습은 자세히 알 수 없지만 문헌과 그림 등의 자료를 통하여 본 과거의 가람 구조가 현재와는 상당히 다르기 때문이다.

1849년에 발간된 『순흥읍지』는 19세기 중반 부석사의 모습을 잘 알려 주는 좋은 자료이다. 지금은 없어진 몇몇 건물들에 관한 기록이 있어 현재의 모습과는 달리 그 당시엔 건물이 상당히 많았고 가람의 구조도 매우 복잡하였던 것으로 추정할 수 있다.

현재 없어진 건물들과 그 위치를 살펴보면 다음과 같다.

취원루(聚遠樓)는 무량수전 서쪽에 있었던 누각으로 남쪽으로 300리를 볼 수 있었다고 하며 누각 북쪽에는 장향대가 있었다. 무량수전 동쪽에는 상승당(上僧堂)이 있었고 안양루 앞에는 법당(法堂)이 있었다. 법당 좌우에는 선당(禪堂)과 승당(僧堂)이 있었다. 관경각(寬敬閣)은 법당 아래의 누각으로 그 아래에 대여섯 채의 건물이 있었다. 회전문(廻轉門), 조계문(曹溪門)은 대석단 위에 있었던 산문이다.

이 밖에도 「서보전단확중수기」를 보면 무량수전 옆에 석무(釋無) 곧 승당이 있었다고 기록되어 있고 「부석사종각중수기」를 보면 승당, 만월당(滿月堂), 서별실(西別室), 만세루(萬歲樓)가 있었으나 영조 22년(1746)에 불탔다고 한다.

부석사의 옛모습을 살펴볼 수 있는 또 하나의 자료는 겸재 정선이 그린 『교남명승첩』 가운데 「순흥 부석사」 그림이다. 18세기의 작품으로 그림이 간략하여 건물의 칸수와 축의 방향은 맞지 않지만 다음과 같은 몇 가지 사실을 알 수 있다.

부석사가 기기묘묘한 바위 사이의 경사지에 위치했던 것처럼 그렸는데 2단의 큰 석축이 있고 그 위에 11동의 건물이 보인다. 아랫단과 윗단의 중앙에 그려진 큰 팔작지붕의 건물은 각각 법당과 무량수전이라고 추측된다. 법당 앞에는 날개채처럼 2동의 건물이 그려져 있고 대석단의 맨 앞에는 회랑처럼 생긴 건물이 있다. 윗단의 무량수전 서쪽에 팔작지붕의 건물이 있고 남서 모서리에는 누각이 그려져 있는데 취원루인 듯하다.

위의 자료들을 참고하면 18세기부터 19세기 말까지 경영되었던 부석사의 모습을 어렴풋이나마 살펴볼 수 있다. 당시에는 화엄의 종찰답게 많은 건물이 들어서 있었던 것으로 추정되는데 현재의 가람 구조와 비교하면 몇 가지 다른 점을 발견할 수 있다.

첫째는 법당의 존재이다. 19세기 중반까지 안양루 아래에는 법당과 선당, 승당이 있었다. 화엄종 사찰이므로 법당은 당연히 비로자나불을 모셨을 것이고 이름도 비로전이나 대적광전이었을 텐데 화엄만다라(華嚴曼茶羅)의 중심이 되었던 법당이 없어져 버림으로써 가람의 구조가 매우 달라지게 되었다. 그러므로 법당의 존재는 부석사 가람의 성격을 좌우하는 중요한 열쇠가 된다.

괘불대의 위치로 미루어 과거 법당 위치는 범종각의 중심축에서 왼쪽으로 약간 벗어난 곳에 있었으리라 추정된다. 현재 안양루로 오르는 계단이 범종각 중심에서 상당히 벗어나 있는 것도 법당이 있었기 때문이다. 전체 가람의 종국점은 법당이 아니라 무량수전임을 암시할 수 있도록 배치한 것이다. 그러므로 범종각 아래에서 누하 진입할 때의 시각적 중심은 법당이 되며 안양루는 법당 지붕 위로 겹쳐 보이게 된다. 따라서 현재와 같은 강한 축성에 의한 유도 효과는 약간 줄어들었을 것이다. 그래서 겸재같이 눈밝은 이도 계단을 평행하게 그렸던 것이라 추측된다.

둘째는 산문의 위치이다. 현재 천왕문이 서 있는 터가 이제까지는 조계문 터로 잘못 알려져 왔으나 원래 일주문이 있었던 자리였을 것이다. 『순흥읍지』의 기록에는 대석단 위에 조계문이 있었으며 대석단 수십 보 아래에 일주문이 있었던 것으로 나와 있어 현재의 천왕문 자리는 일주문 터임을 알 수 있다. 1978년의 발굴 기록에도

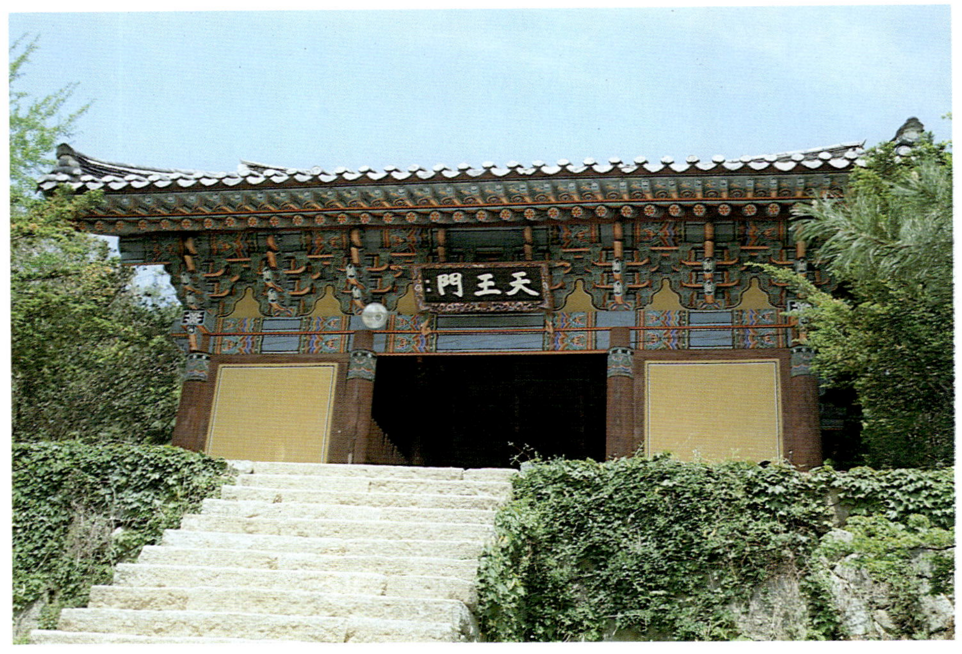

천왕문 현재 천왕문이 서 있는 터는 이제까지 조계문 터로 잘못 알려져 왔으나 원래 일주문이 있었던 자리였을 것이다.

오히려 일주문 터 같다고 하였다. 왜 이런 기록을 무시하고 현재와 같은 정면 3칸, 측면 2칸의 건물을 지어 교리에도 맞지 않게 천왕문이라 이름하였는지 모르겠다. 일주문이 당간지주 바깥에 서게 되어 원래의 가람 구조와도 맞지 않게 되었다.

셋째는 무량수전 주변 건물들의 존재이다. 『순흥읍지』나 겸재 그림 등의 자료로 보아 무량수전 서쪽에 취원루가 있고 그 뒤쪽에 장향대가 있으며 무량수전 동쪽에는 승당이 있었음이 확실하다. 이러한 건물들이 창건 당시에도 있었는지는 확실하지 않으나 무량수전의 동서에 날개채처럼 배치되어 영역을 폐쇄하고 위용을 높이는 역할을 하였던 것이다.

화엄 사상으로 본 가람 구조

부석사의 가람 구조를 불교 교리에 따라 해석해 보려는 시도는 많았다. 사찰의 배치가 교리에 의해서만 결정되는 것은 아니지만 종교 건축에서 건축 공간과 신앙 체계는 불가분의 관계를 가지므로 건축적으로 중요한 의미를 지닌 작업이다.

부석사를 교리에 따라 해석하려는 경향은 근거로 삼는 경전에 따라 크게 두 가지로 나뉜다.

그 첫번째는 정토 신앙(淨土信仰)에 근거하여 부석사를 해석하려는 경향인데 학계에서는 정설로 받아들이고 있다. 부석사는 화엄종의 종찰이므로 화엄 사상을 반영하는 유구 및 유물이 있어야 하나 전혀 찾아볼 수 없는 반면 주불전에 아미타여래가 모셔져 있다. 또한 탑이 없으며 대지 전체가 3배 9품설에 따라 나누어져 있어 가람 구성이 정토 사찰과 같다는 것이다. 이 주장은 논리적으로 크게 무리가 없어 보인다.

두 번째는 부석사의 공간 구조를 화엄 사상에 근거하여 해석하려는 시도이다. 부석사는 의상 조사가 직접 창건한 사찰이기 때문에 그가 펼쳤던 화엄 사상과 건축 공간 사이에 연관이 있을 거란 주장이다. 이것은 정토 신앙이 가람 조영의 배경이 되었다는 기존 학설에 반대되는 것이지만 필자는 이러한 해석이 전자보다 논리적으로 더 타당하다고 생각한다.

화엄 사상에 입각해서 부석사를 살펴보면 다음과 같은 여러 가지 흥미있는 사실들이 발견된다.

앞에서도 살펴본 것처럼 부석사의 조영은 가람 그 자체만으로는 해석되지 않는다. 절이 놓인 땅이 각별하기에 주변의 산까지 살펴보아야 한다.

태백산은 의상 조사의 스승인 지엄 선사가 살았던 중국 종남산과 동격시한 산으로 해동 화엄 사상이 정점을 이룬 산이다. 태백산에서 뻗어 내린 줄기가 소백산에 이르러 여러 봉우리를 솟아올렸는데 비로봉, 연화봉, 도솔산이 그것이다. 소백의 정상이 비로봉이고 그 줄기가 죽령 못미처 솟아오른 곳이 연화봉이며 다시 죽령을 넘어서 솟구쳐 오른 봉우리가 도솔산이다. 이들 산이름에서 우리는 불교의 이상적인 세계관을 살펴볼 수 있다.

도솔산을 미륵이 주재하는 도솔천인 미륵 정토(彌勒淨土)라 한다면 연화봉, 비로봉은 비로자나불이 주재하는 연화장(蓮華藏) 세계를 의미한다. 바로 『화엄경』의 이상향이다. 따라서 연화봉, 비로봉의 소백산에서 거슬러올라가 태백산까지의 줄기가 연화장의 세계이며 부석사는 그 중심에 놓인다. 의상 조사가 그 점을 헤아려 부석사를 조영하였다는 사실은 「서보전단확중수기」를 통해 알 수 있다. 이와 같이 화엄 세계의 중심에 세운 도량(道場)이기에 당시 의상 조사가 세운 화엄 십찰 가운데서도 으뜸가는 종찰(宗刹)이라 불렸던 것이다.

부석사의 주불전은 무량수전으로 보처불 없는 독존의 아미타여래를 동향으로 모셨으며 탑을 세우지 않았다. 이에 대한 이론적 근거는 『화엄경』의 「입법계품」에서 찾아볼 수 있다. 『화엄경』 맨 마지막 장은 '내가 죽으려 할 때 모든 장애를 없애고 저 미타불을 뵙고 안락찰(安樂刹)에 왕생하기를 기원합니다'라고 한 보현보살의 게송이다. 『화엄경』의 주인공인 보현보살이 비로자나불과 함께 아미타여래를 찬양하고 극락 세계에 귀의할 것을 기원하는 내용이다. 따라서 부석사 가람의 종국점인 무량수전에는 비로자나불이 아닌 아미타여래를 모실 수밖에 없었던 것이다.

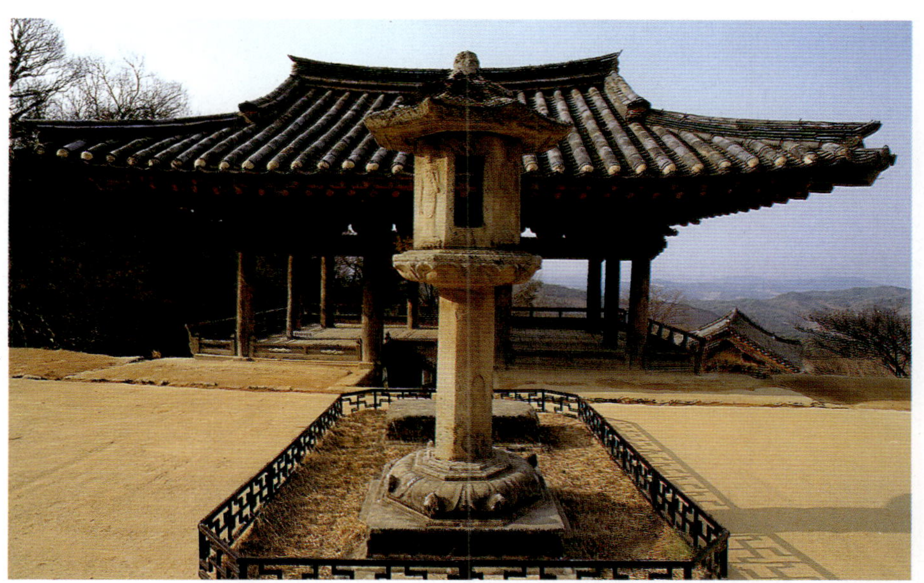

석등과 안양루 안양루에서 일직선으로 뻗은 계단을 오르면 2층 다락과 석축 사이 틈으로 중정의 석등 화사석이 눈에 들어온다. 이때 석등은 안양루 중심에서 약간 왼쪽으로 치우쳐 보이는데, 대칭으로 인한 생명력 없는 공간 배치를 배제하려 한 공간 처리가 느껴진다.

아미타여래는 서방의 극락 세계를 관장하고 있기 때문에 무량수전의 아미타여래를 서쪽에 모셔 동향하도록 하였음은 철저히 교리에 따른 것이다. 아미타여래를 모시는 경우 협시보살로 하여금 관음과 대세지보살 또는 미륵보살을 모시는 것이 일반적이다. 그러나 「원융국사비문」에는 부석사의 아미타여래는 일승(一乘)의 미타불로서 열반에 드는 일이 없고 시방 생멸이 없기 때문에 보처불도 없고 탑도 세우지 않았다고 기록하고 있다. 불탑은 석가여래의 열반을 상징하기 때문에 대신 석등을 중정에 세운 것이다.

부석사의 전체 가람 구조를 『화엄경』과 하나하나 비교하여 보면 34품, 8회, 10지의 각 단계에 따라 공간들이 만들어져 있음을 알 수 있다. 곧 중문(현재의 천왕문)에서 무량수전에 이르기까지의 석축을 쌓아 만든 10개의 터는 『화엄경』에 나타난 초지(初地)부터 제10지까지의 단계를 상징하는 것이라 볼 수 있다.

부석사에 이르기 전까지는 세간을 의미한다. 처음 나오는 석축의 터는 제1품인 「세간정안품」과 제2품인 「노사나불품」에 해당하며 십지 가운데 초지로 수미산 남쪽의 염부제주에 있는 것이다. 그 위의 석축단은 제3품인 「여래명호품」부터 제8품인 「현수보살품」까지의 제2지이다.

대석단부터는 아래의 지상 세계에서 벗어난 욕계 6천(天)의 세계이다. 그렇기에 높이 석축을 쌓고 건물을 지어 천궁을 만들었던 것이다. 대석단 위는 제3지로 제9품인 「불승수미정품」부터 제14품인 「명법품」에 해당되는 도리천의 세계이다. 두 번째의 석축단 위는 제15품인 「불승야마천궁자재품」부터 제18품 「보살십무진장품」까지의 제4지로 야마천에 해당한다. 다음 석축단 위에는 지금은 없어진 회전문이 있었던 것으로 추정되는데 제19품인 「여래승도솔천궁일체보전품」부터 제21품인 「금강당보살십회향품」에 해당하는 도솔천의 제5지이다. 회전문의 회전(廻轉)은 지은 죄를 참회하여 전향하는 것을 의미하므로 제21품의 십회향(十廻向)과도 통한다.

범종각이 있는 석축단과 그 윗단에는 원래 법당과 선당, 승당이 있었다. 제22품인 「십지품」부터 제32품인 「보왕여래성기품」에 해당하는 낙변화천의 제6지와 타화자재천의 제7지이다. 화엄종의 사찰이었으므로 과거에 있던 법당은 비로자나불을 모셨을 것이다. 이는 화엄만다라의 중심점이 되는 전각으로 제30품인 「불소상광명공덕품」과 제31품 「보현보살행품」과 통한다.

안양문이 위치한 석축은 제33품인 「이세간품」에 해당하는데 대범천의 제8지와 제9지이다. 안양(安養)은 극락의 다른 이름으로 보광 법당회의 보광(普光)과도 통한다. 안양문은 세간을 벗어나 윤회가 없는 진정한 극락 세계로 진입하는 것이므로 제33품의 이세간(離世間)과 그 의미가 같다. 그래서 회전문부터 범종각 위의 법당 건물에까지 적용되었던 축을 버리고 남향한 새로운 건물축을 채택한 것이다.

가람의 종국점인 무량수전에 도달하면 『화엄경』의 마지막 단계인 제34품인 「입법계품」에 해당되는 대자재천(大自在天)의 제10지에 드는 것이다. 생멸이 없는 아미타여래의 서방 극락 세계에 도달한 것이다. 그 곳은 심신의 고통이 없고 즐거움만 있는 세계이다.

이와 같이 (회전문)—범종각—(법당)—안양문—무량수전의 차례로 이루어지는 부석사의 공간 구조는 『화엄경』의 질서와 세계관을 반영한 것이라 할 수 있다.

부석사의 건물들

무량수전(無量壽殿, 국보 제18호)

무량수전은 부석사의 주불전으로 아미타여래를 모신 전각이다. 아미타여래는 끝없는 지혜와 무한한 생명을 지녔으므로 무량수불로도 불리는데 '무량수'라는 말은 이를 의미하는 것이다.

무량수전은 우리나라에 현존하는 건물 가운데 두 번째로 오래 된 것이다. 역사적으로는 안동 봉정사 극락전이 최고(最古)의 유구이지만 건물 규모나 구조 방식, 법식의 완성도라는 측면에서는 이 집에 비하여 다소 떨어진다. 그러므로 무량수전은 고대 불전 형식과 구조를 연구하는 데 있어서 기준이 되는 중요한 건물이다.

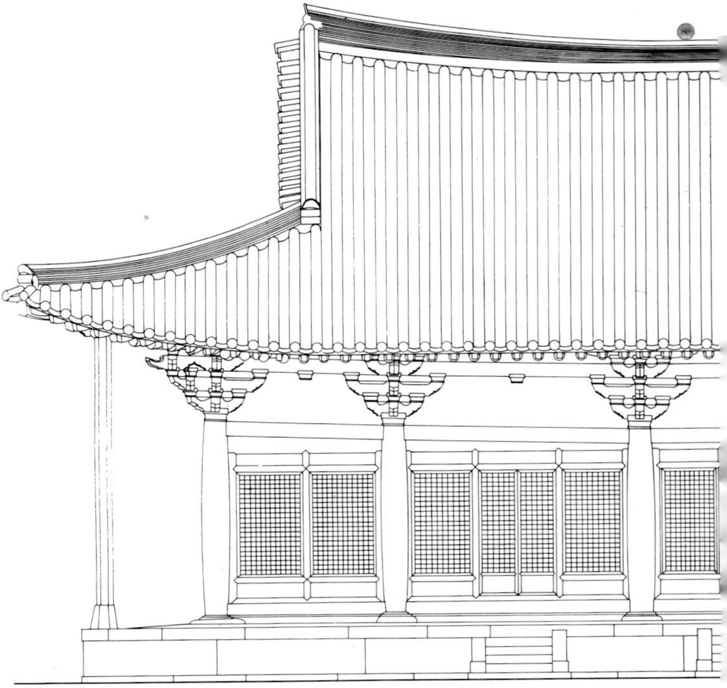

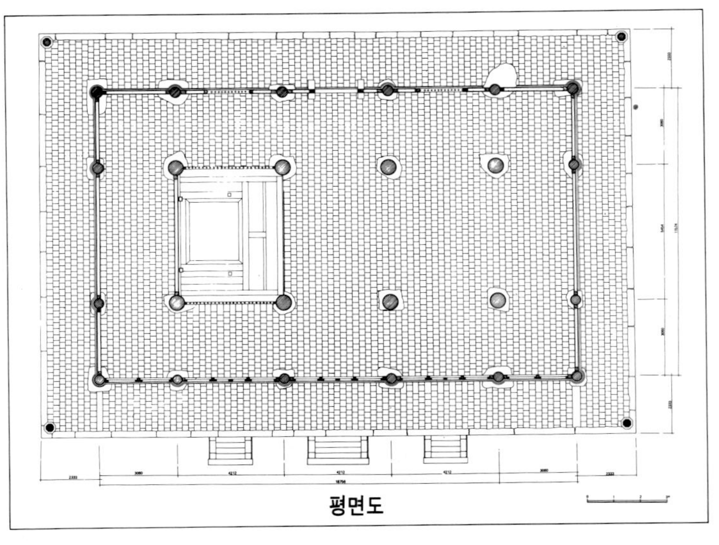

평면도

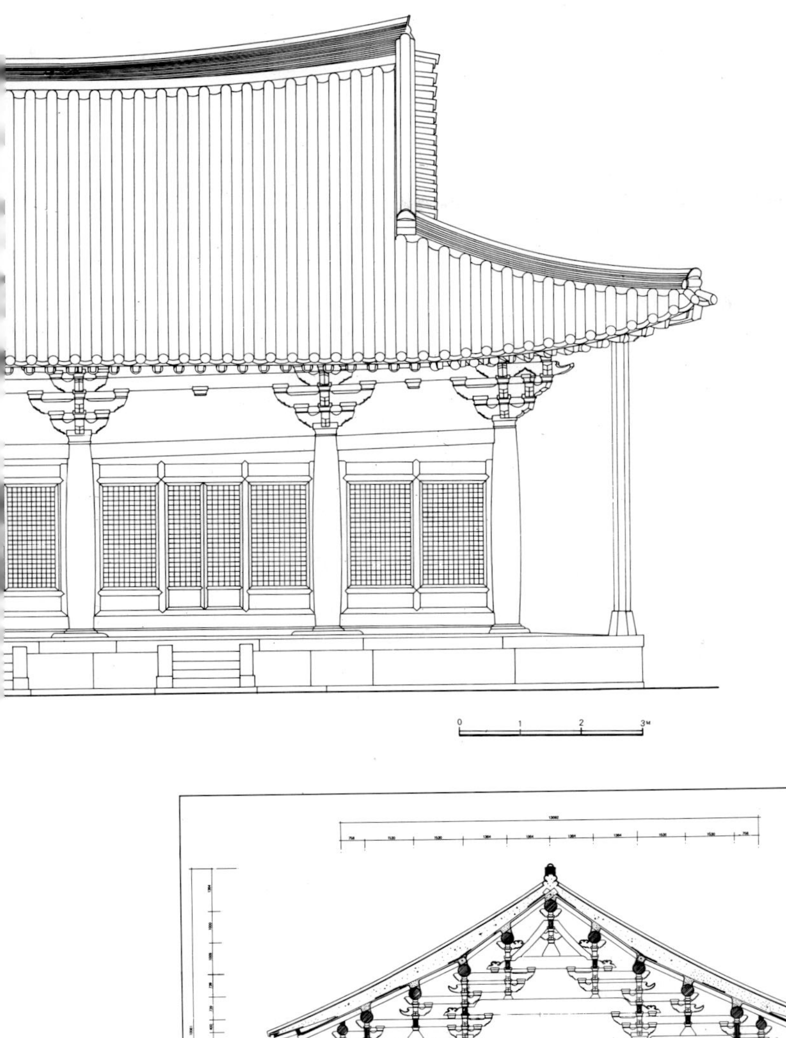

종단면도

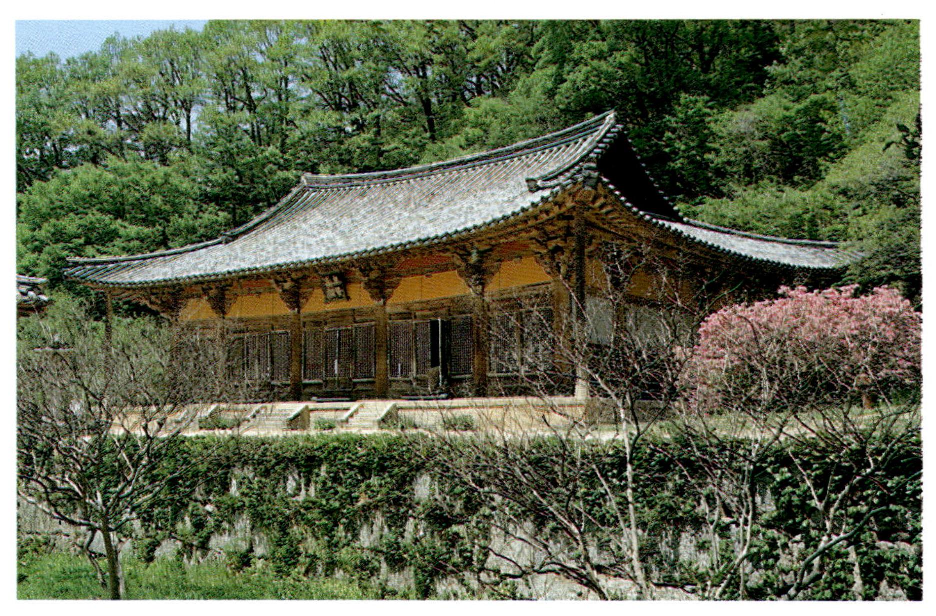

무량수전 부석사의 주불전으로 아미타여래를 모신 전각이다.

「원융국사비문」에 의하면 고려 현종 7년(1016) 원융 국사가 무량수전을 중창하였다고 한다. 1916년 실시된 해체 공사 때 발견된 서북쪽 귀공포의 묵서(墨書)에는 공민왕 7년(1358) 왜구에 의하여 건물이 불타서 우왕 2년(1376)에 원융 국사가 중수하였다고 되어 있다. 그러나 건축 양식이 고려 후기 건물과 많은 차이를 보이므로 원래 건물은 이보다 약 100년 정도 앞선 13세기에 건립된 것으로 추정된다. 조선시대에는 광해군 3년(1611)에 서까래를 갈고 단청을 하였고 1969년에는 번와 보수하였다.

무량수전은 정면 5칸, 측면 3칸 규모인데 평면의 경우 건물 내부의 고주 사이에 형성된 내진(內陣) 사방에 한 칸의 외진(外陣)을 두른 형식을 취했다. 기둥 사이의 주칸 거리가 크고 기둥 높이도 높아 건물이 당당하고 안정감 있게 지어졌다. 지붕은 팔작 형식인데 지붕의 물매는 후대 건물에 비하여 완만하다. 예로부터 건물의 구조는 단면에 위치한 도리의 수를 셈하여 말하는데 이 집은 소위 9량집으로 외목을 제외한 도리가 9개나 되는 큰 건물이다.

면석과 갑석을 짜맞추어 만든 가구식(架構式) 기단과 사갑석을 받치는 지대석이 돌출된 계단, 원형 주좌와 고막이를 가진 초석의 법식은 전형적인 통일신라의 기법을 계승한 것이다. 계단 동측면에 선각된 '충원적화면(忠原赤花面) 석수김애선'이라는 기록으로 미루어 고려시대의 작품임을 알 수 있다.

무량수전은 고려시대의 법식(法式)을 거의 완벽하게 보여 주지만 그 가운데 가장 유의하여 볼 부분은 평면의 안허리곡(曲), 기둥의 안쏠림과 귀솟음, 배흘림, 항아리형 보 등의 의장 수법이다. 자세히 보지 않으면 눈에 잘 띄지 않지만 착시(錯視)에 의한 왜곡 현상을 막는 동시에 가장 효율적인 구조를 만들기 위하여 고안된 고도의 기법들이다.

안허리곡은 보통 건물 중앙보다 귀부분의 처마 끝이 더 튀어나오도록 처리한 것을 말하는데 기둥의 안쏠림과 관계가 있다. 안쏠림은 기둥 위쪽을 내부로 경사지게 세운 것이다. 무량수전에서는 안허리곡과 안쏠림이 공포와 벽면에까지 적용되어 마치 평면이 오목 거울처럼 휘어 있다. 귀솟음은 건물 귀부분의 기둥 높이를 중앙보다 높게 처리하는 것인데 수평 부재의 끝부분이 아래로 처져 보이는 착시를 막아 준다. 기둥의 배흘림 역시 기둥 머리가 넓어 보이는 착시 현상을 막기 위한 것인데 무량수전의 기둥은 강릉 객사문 다음으로 배흘림이 심하다.

무량수전의 공포 형식은 기둥 위에만 배치된 소위 주심포계(柱心包系)인데 매우 건실하게 짜여졌다. 주두 위에서 공포의 짜임이 시작되고 벽면 방향의 첨차와 튀어나온 제공의 길이가 똑같은 전형적인 북방(北方) 계통의 수법이다. 주두와 소로는 내반(內反)된 곡선의 굽을 가지고 있다. 또한 공포 사이 포벽에 뜬소로를 가지고 있는 점은 이 집만의 특징이다.

전면의 창호는 살대를 격자로 넣은 분합문이다. 중앙칸에는 퇴칸과 달리 문설주를 만들어 가운데 2짝만 분합문으로 하고 그 좌우의 것은 광창(光窓)으로 들어올릴 수 있게 하였다. 고려 말의 중수 때 바뀐 것인 듯하지만 구성 방식과 비례가 후대의 건물과 현저한 차이를 보인다. 원래의 창호는 후면에 있는 것과 같이 신방목을 가진 문틀에 널판문을 달고 그 좌우에는 살창을 두었을 것이다. 무량수전 정면 중앙칸에 걸린 편액은 고려 공민왕의 글씨이다.

내부 서쪽에는 불단과 화려한 닫집을 만들어 고려시대에 조성한 소조 아미타여래 좌상(국보 제45호)을 모셨다. 협시보살 없이 독존으로만 동향하도록 모신 점이 특이한데 교리를 철저히 따른 관념적인 구상이라 하겠다.

그렇지만 불상을 동향으로 배치하고 내부의 열주(列柱)를 통하여 이를 바라보도록 함으로써 일반적인 불전에서는 느낄 수 없는 장엄하고 깊이감 있는 공간이 만들어졌다. 일반적으로 진입하는 정면쪽으로 불상을 모시는 우리나라 전통 건축에서는 드문 해결 방식이다. 여기서 우리는 이 집을 만든 대목(大木)의 뛰어난 감각을 느낄 수 있다.

무량수전과 같이 건물의 진입 방향과 불상을 모신 방향을 다르게 처리한 예로 영광 불갑사(佛甲寺) 대웅전, 대전 고산사(高山寺) 대

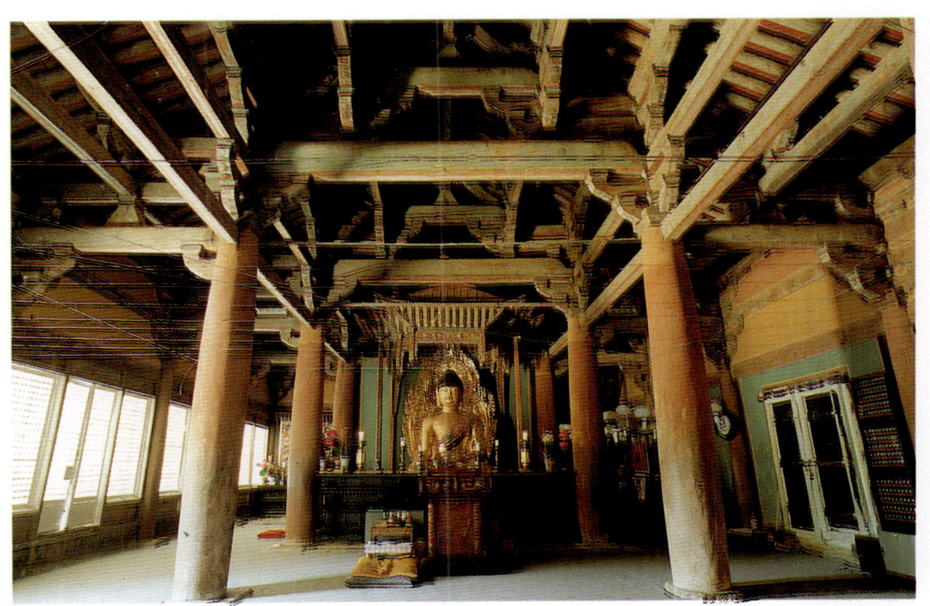

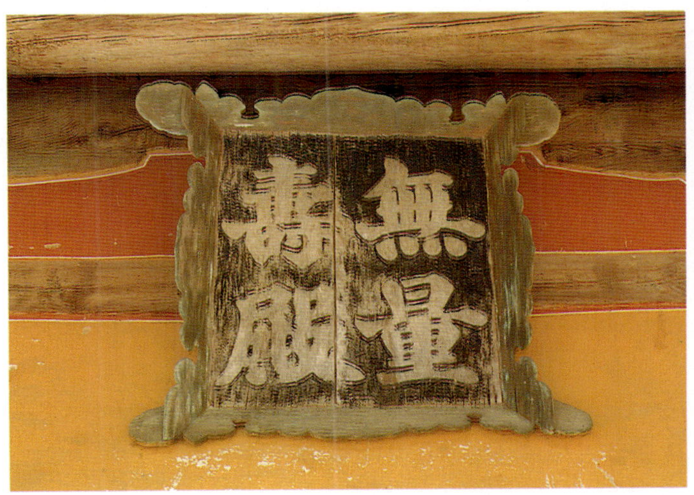

무량수전 내부 불상을 동향으로 배치하고 내부의 열주(列柱)를 통해 이를 바라보도록 함으로써 일반적인 불전에서는 느낄 수 없는 장엄하고 깊이감 있는 공간이 만들어졌다.(맨 위)

무량수전의 편액 고려 공민왕의 글씨이다.(위)

웅전, 공주 마곡사(麻谷寺) 대광보전, 양산 통도사(通度寺) 영산전 등을 들 수 있다. 이들은 아미타여래를 모신 불전은 아니지만 무량수전과 공통된 공간 구성 의도가 느껴진다.

대들보 위쪽으로는 후대 건물과는 달리 천장을 막지 않아 지붕 가구가 잘 보인다. 굵고 가늘고 길고 짧은 각각의 부재들이 서로 조화 있게 짜맞춰진 모습은 오랫동안 바라보아도 싫증이 나지 않는다. 어떤 이는 이와 같은 무량수전의 천장 가구에서 고저장단의 운율을 느낄 수 있다고도 하였다.

이렇게 천장을 노출시키려면 각각의 부재가 아름답게 디자인되어야 하고 또한 정확하게 짜맞추어야 하므로 품이 훨씬 더 들어간다. 그럼에도 불구하고 옛 목수들은 이러한 건물을 많이 지었다. 특히 고려시대 주심포 집들에는 천장을 가설하지 않은 것이 많다.

내부에 늘어선 고주 사이에는 단면이 항아리형인 대들보와 종보를 2중으로 걸고 외진에는 툇보를 두었으며 보 위의 대공 사이에는 장여와 초방이라는 가느다란 부재를 겹겹이 사용하여 보강하였다. 무거운 지붕 하중을 기둥으로 모으기 위한 장치들인데 옛사람들의 구조에 대한 철저한 연구와 오랜 경험에서 나온 결과이다. 이처럼 건물 규모에 비하여 복잡하게 결구한 방식은 고대 건물에서 흔히 볼 수 있다.

원래 내부 바닥에는 푸른 유약을 바른 녹유전(綠釉塼)을 깔아서 매우 화려하였던 모양이다. 『아미타경』을 보면 극락 세계의 바닥은 유리로 되었다고 하는데 녹유전은 이러한 이상 세계를 표현하기 위한 장엄 도구의 하나였던 것이다.

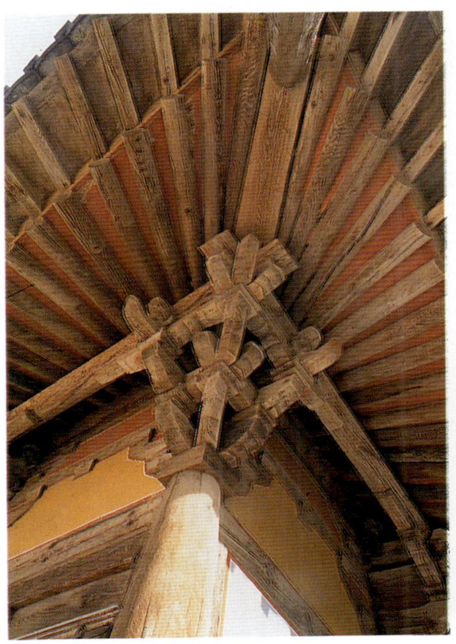

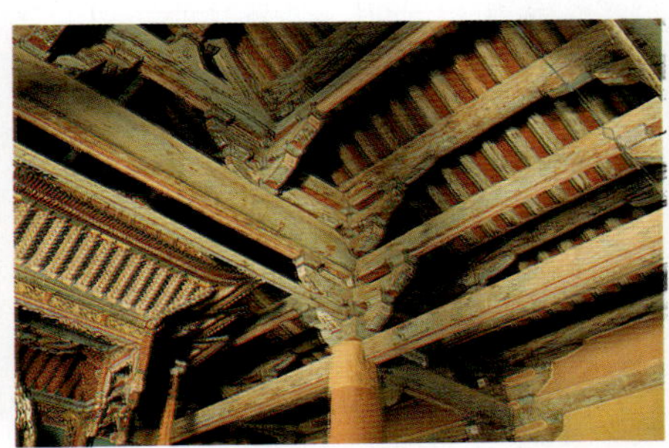

무량수전의 귀공포(왼쪽)
무량수전의 내부(아래)

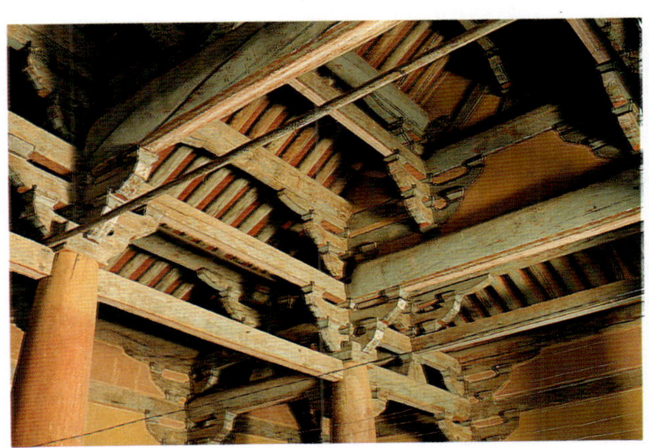

안양루(安養樓)

안양루는 무량수전 앞마당 끝에 놓인 누각이다. 정면 3칸, 측면 2칸 규모의 팔작지붕 건물로 무량수전과 함께 이 영역의 중심을 이루고 있다.

이 건물에는 위쪽과 아래쪽에 달린 편액이 서로 다르다. 난간 아랫부분에 걸린 편액은 '안양문'이라 되어 있고 위층 마당 쪽에는 '안양루'라고 씌어 있다. 하나의 건물에 누각과 문이라는 2중의 기능을 부여한 것이다. '안양'은 극락이므로 안양문은 극락 세계에 이르는 입구를 상징한다.

석축 위에 놓인 길고 짧은 하층 기둥 위에 벽체 없이 개방된 누각 상층을 꾸몄다. 높다란 석축 위에 난간을 두른 누각의 모습이 마치 공중에 떠 있는 듯하여 옛 시인은 이를 바람난간(風檻)이라고 표현하였다. 조선 후기에 지은 건물인데도 통로 좌우의 시각적 초점이 되는 하층 기둥 두 개에 배흘림을 두어 특이하다.

공포는 다포계 형식인데 공포 사이의 포벽이 없으므로 매우 조밀하게 배열하였다. 이 사찰의 다른 건물들에 채택된 공포 형식이 주심포와 익공계라는 것을 생각해 보면 안양루가 부석사에서 차지하고 있는 위치를 가늠해 볼 수 있다.

안양루에서 아래를 내려다보면 엎드려 모여 있는 경내 여러 건물들의 지붕과 멀리 펼쳐진 소백의 연봉들이 한눈에 들어온다. 아스라이 보이는 소백산맥의 산과 들이 마치 정원이라도 되듯 외부 공간은 확장되어 다가온다. 부석사 전체에서 가장 뛰어난 경관이다. 그래서 예부터 많은 문인들이 안양루에서 바라보는 소백의 장관을 시문으로 남겼고 그 현판들이 누각 내부에 걸려 있다.

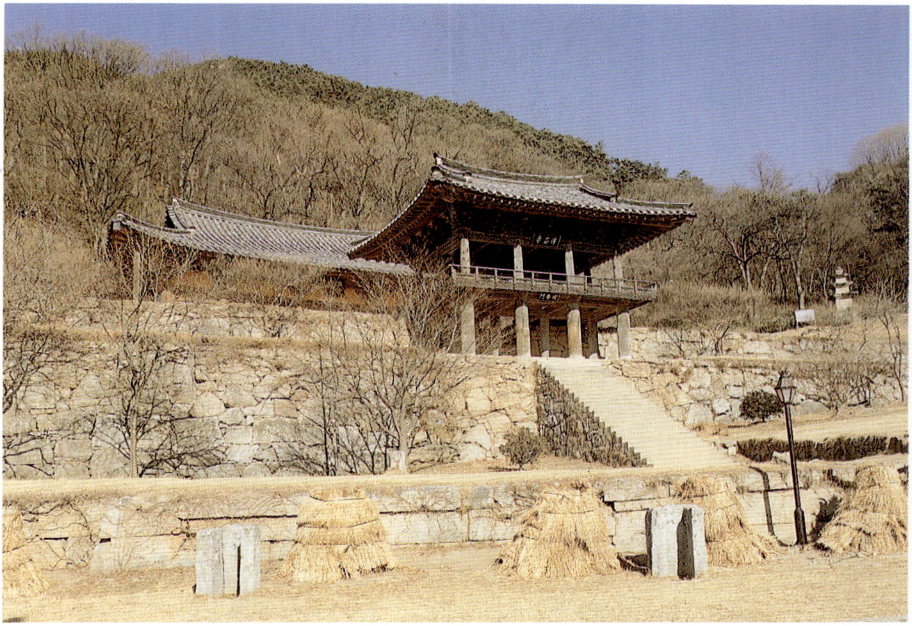

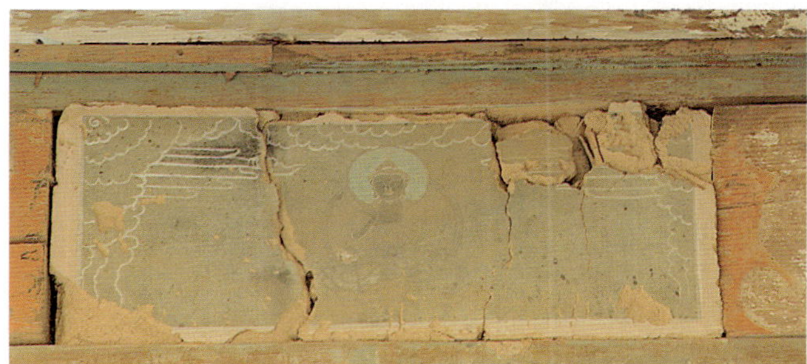

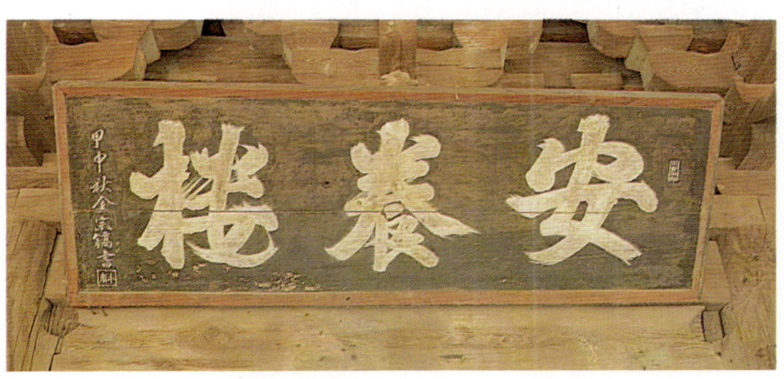

안양루(위)

안양루 벽화(왼쪽)

안양루의 편액(아래)

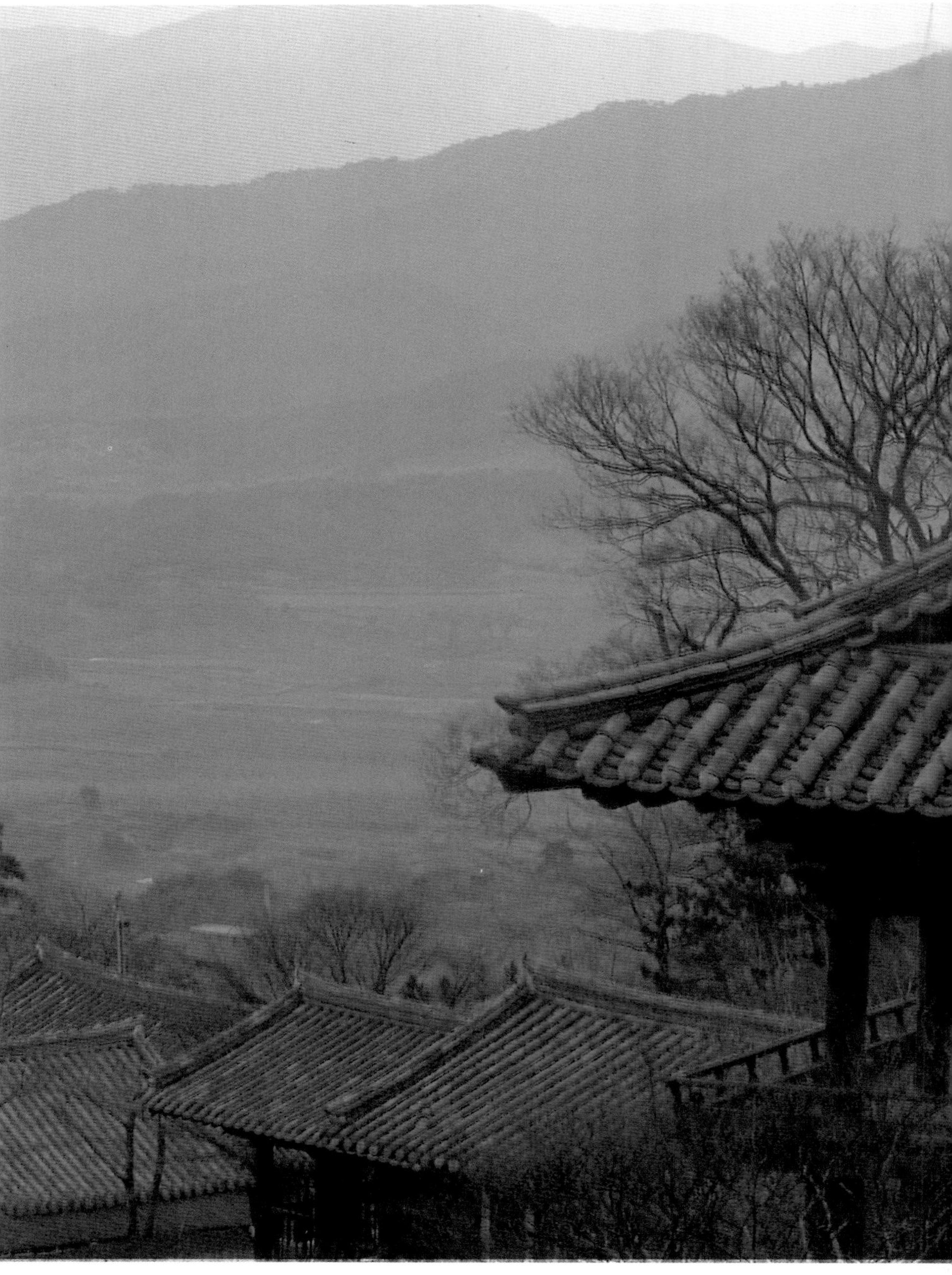

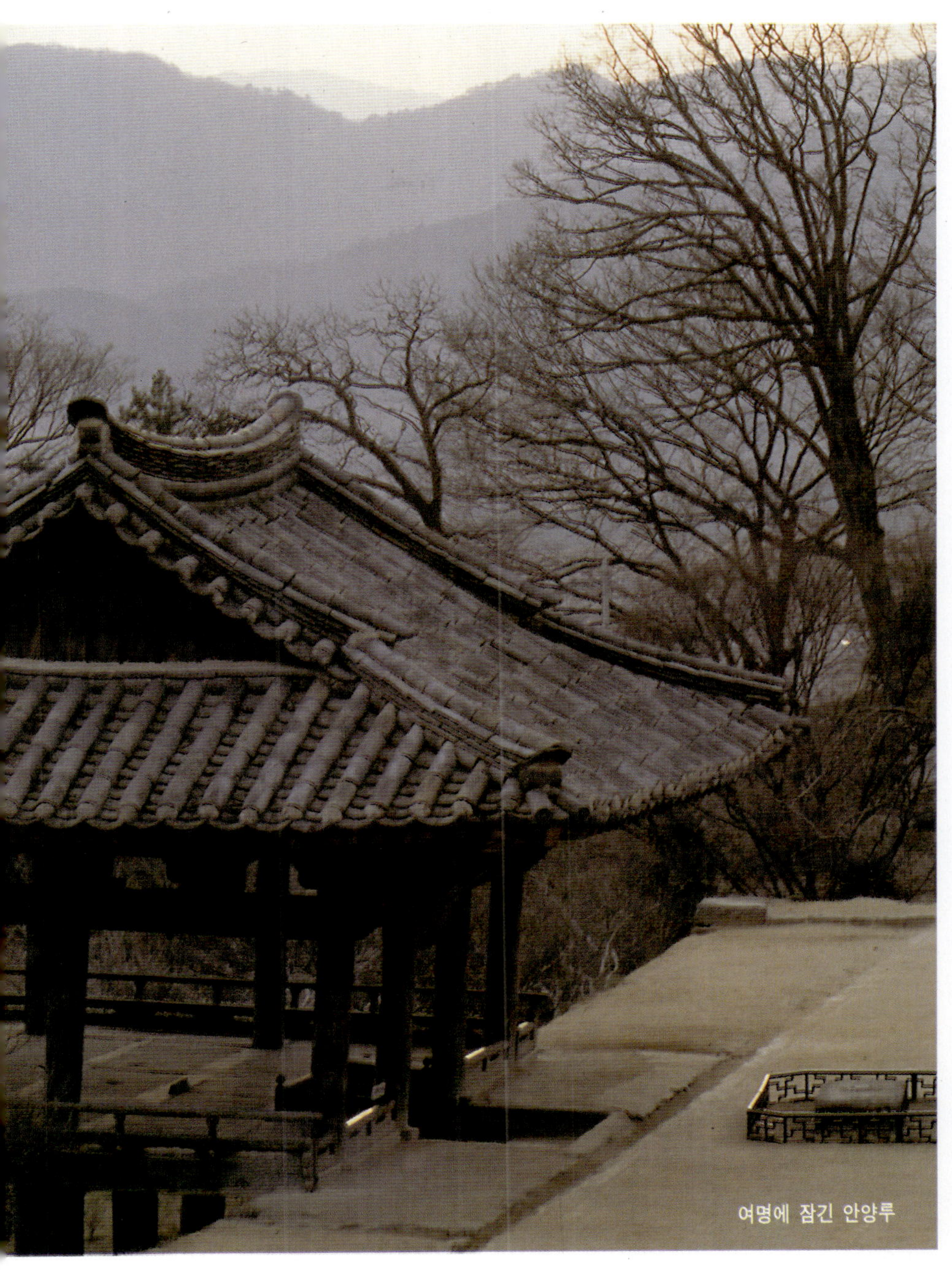

여명에 잠긴 안양루

선묘각(善妙閣)

　선묘각은 무량수전 북서쪽 모서리에 위치하고 있는데 의상 조사의 창건 설화와 관련된 인물인 선묘를 모신 건물이다. 규모도 작고 기단도 없이 초라하여 마치 작은 사찰의 산신각 같은 느낌을 준다. 정면과 측면이 각각 1칸 규모의 맞배집인데 가구 방식이나 부재를 다듬은 수법으로 보아 최근세의 건물인 듯하다. 내부에는 1975년에 그린 선묘의 영정이 걸려 있다.

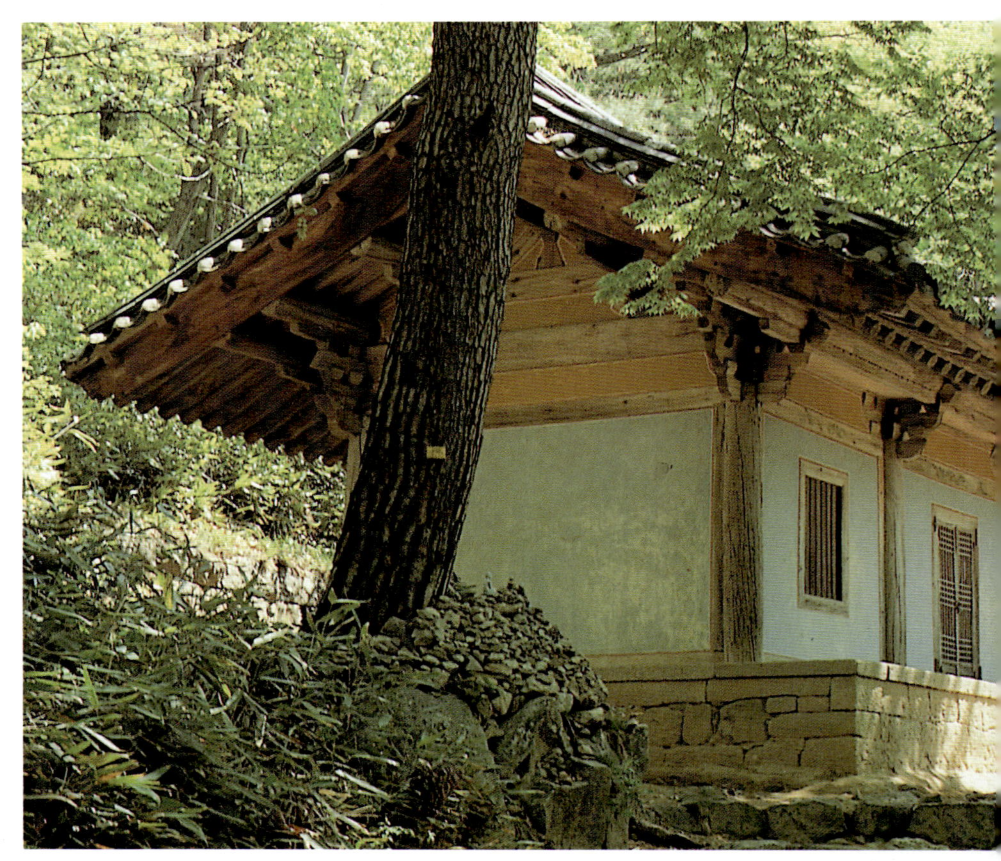

조사당(祖師堂, 국보 제19호)

조사당은 무량수전에서 북쪽으로 약간 떨어진 산 중턱에 있다. 정면 3칸, 측면 1칸 규모의 작은 전각으로 측면 쪽으로 약간 비스듬히 진입하여 소박하고 간결한 느낌을 준다. 지붕은 맞배 형식으로 간단해 보이지만 넉넉하게 뻗어 나와 결코 작은 건물이라는 느낌이 들지 않는다.

1916년의 해체 공사 때 발견된 장여 위의 묵서에 의하면 조사당

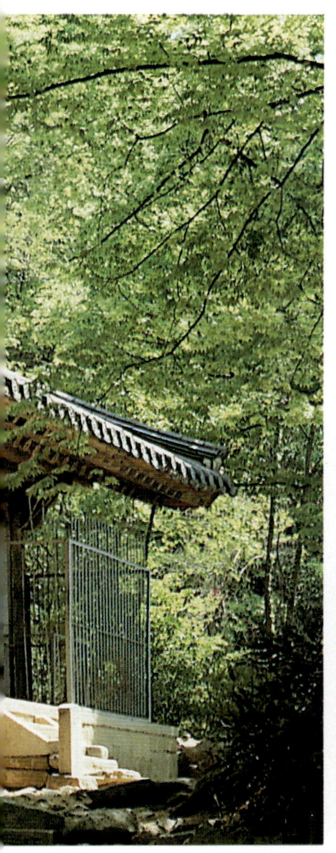

조사당(왼쪽)

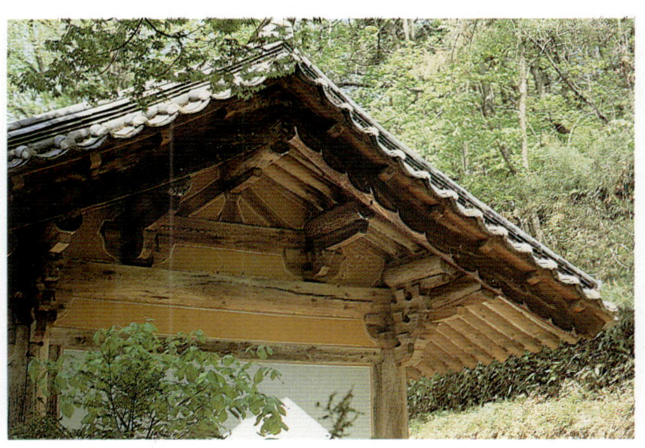

조사당의 측면 상부 구조(아래)

조사당 정면도

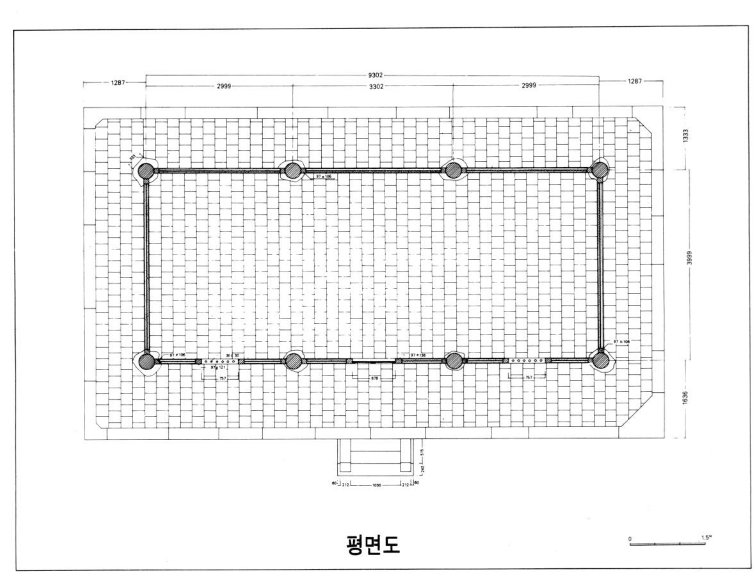

평면도

1030
530
484
954
5514
454
1605
2060
2514
1897
2514
1636
3999
1333

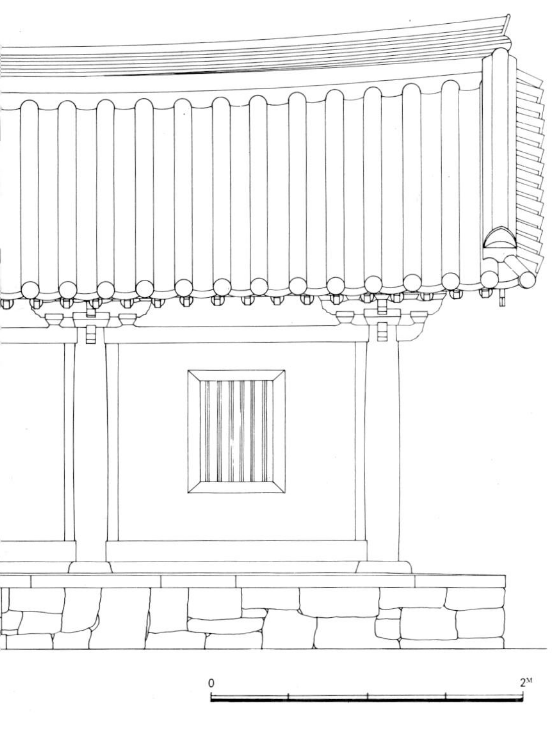

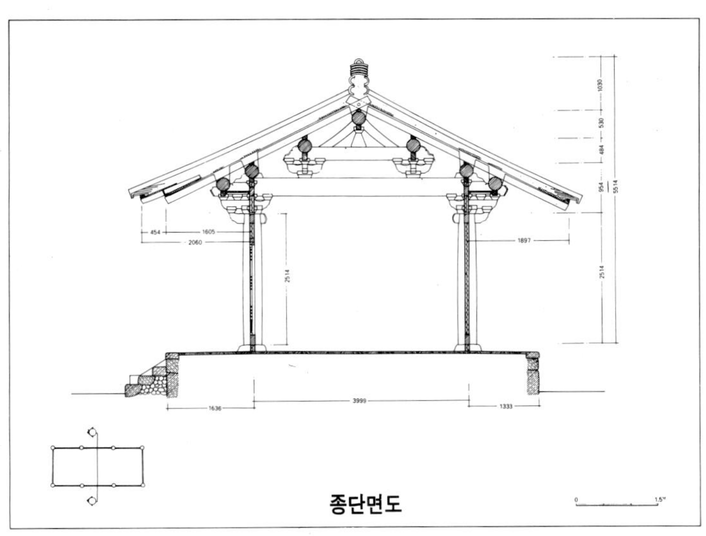

종단면도

은 고려 우왕 3년(1377)에 원응 국사가 재건한 것이다. 조선 성종 21년(1490)에 중수하고 성종 24년(1493)에 단청하였으며 선조 6년 (1573)에는 서까래를 수리하였다.

공포는 기둥 위에만 배열된 주심포계 형식이다. 짜맞춘 방식은 대체로 북방 계통에 가깝지만 주두 아래 헛첨차를 가지는 등 남방 계의 수법이 섞여 있어 무량수전의 공포와는 많은 차이를 보인다. 소로는 무량수전과 달리 굽을 빗깎은 형태이다. 특히 주목할 점은 벽면 방향 부재인 첨차의 끝을 두 번 접어서 둥글게 깎은 권쇄법 (卷殺法)과 소로를 5개 사용하는 5소로식 첨차인데 안압지에서 출토된 통일신라 공포 부재와 고려 중기의 봉정사 극락전 닫집 등 고대 건축 수법을 이어받은 것이다. 이러한 예는 우리나라에서 매우 드문 것으로 건축사적으로 중요시되는 기법들이다.

창호는 중앙칸에 세살문을 달고 협칸에 살창을 달았다.

조사당 내부에는 원래 창건자인 의상 조사와 이 절에 주석하였던 역대 조사들의 영정을 모셨는데 현재는 최근에 조성한 석고 의상 조사상과 일대기를 그린 탱화를 안치하였다.

통칸으로 가로지른 대들보 위에 포대공과 동자주, 소슬합장을 사용하여 짜올린 가구는 군더더기 없이 간결한데 지붕을 든든하게 떠받들고 있다. 대들보의 단면은 상부가 넓고 하부가 좁아 배의 용골(龍骨)을 닮았는데 일반적인 건물에서는 흔하지 않은 형태이다. 이는 구조적으로 필요한 보의 단면을 살리면서도 밑에서 바라볼 때 중량감이 느껴지지 않도록 배려한 의장 기법이다. 작은 건물이므로 서까래는 꺾임이 없는 통서까래를 사용하였다.

원래 문 내부의 좌우 벽면에는 고려시대에 그려진 보살상과 사천왕상이 있었으나 현재는 벽체를 해체하여 보장각에 보관하고 있다.

처마 아래에는 의상 조사가 꽂은 지팡이가 나무로 자라났다는 선비화(학명 골람초)가 보호책 속에 있는데 비나 이슬을 맞지 않고도 자라며 항상 일정한 크기라고 한다.

취현암(醉玄菴) 옛터

취현암 옛터는 조사당 동쪽 가까이 있는데 일제 때에 큰 인물이 난다 하여 건물을 범종각 위쪽으로 이건하였다. 현재는 그 자리에 '취현암구기비(醉玄菴舊基碑)'가 세워져 있다. 이곳은 신라시대에도 선원이 있었다고 하는데 조선시대 사명 대사의 수도처로 유명하고 부석사 경내에서도 가장 경치 좋은 곳에 위치하고 있다.

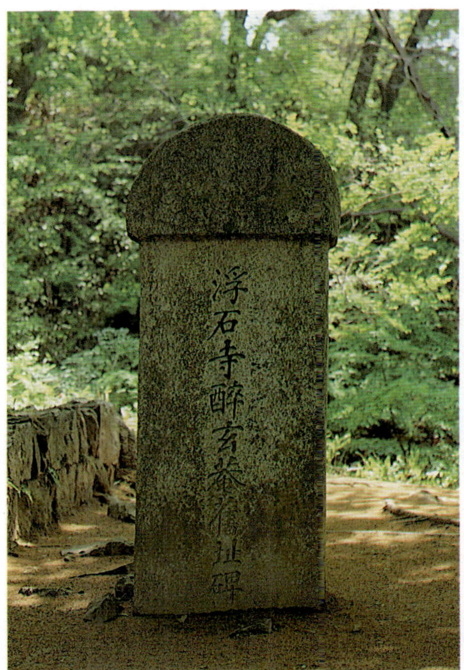

취현암구기비

응진전(應眞殿)

무량수전 영역의 북편 위쪽에 떨어져 있다. 자인당과 함께 거의 일렬로 남향하여 일곽을 이루며 배치되어 있다. 응진전은 석가모니 부처님의 제자인 나한을 모신 전각이다.

정면 3칸, 측면 2칸의 익공계 맞배집으로 1976년에 번와 보수하였다. 이 건물의 공포에서 20세기 초에 유행한 장식적인 익공의 모습

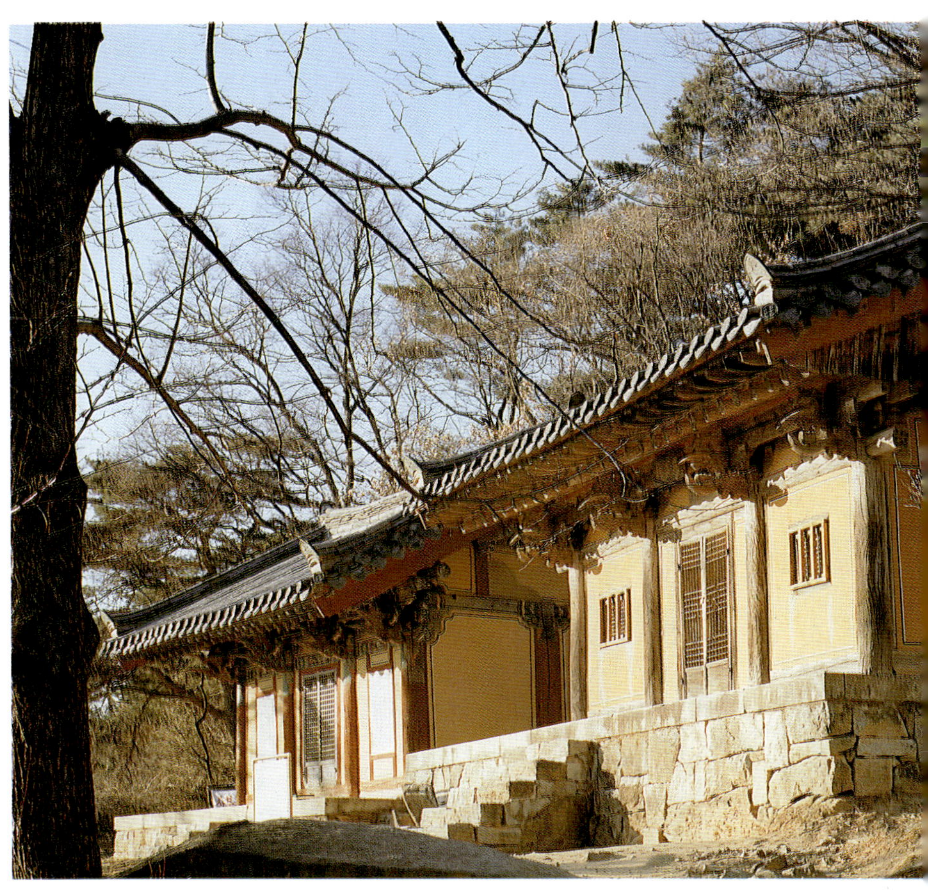

을 살펴볼 수 있다.

「태백산부석사영산전미타후불탱급미타관음개금기」를 보면 응진전은 영산전으로도 불리었는데 원래는 도금된 석가여래와 아미타, 관음보살의 삼존불이 모셔져 있었고 후불화가 걸려 있었던 듯하다. 현재는 내부에 석고로 만든 석가삼존불과 고졸한 십육나한상이 안치되어 있다.

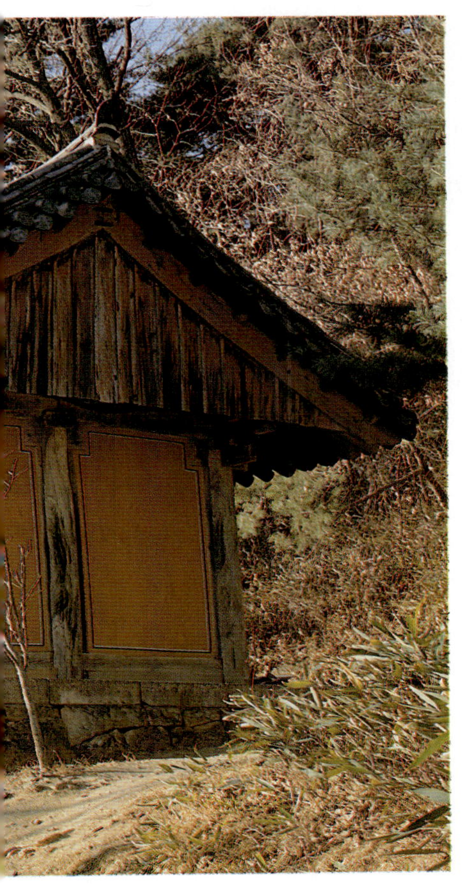

응진전과 자인당 왼쪽 건물이 자인당이고 오른쪽이 응진전이다. 자인당은 선방의 용도로 사용되던 건물로 동방 폐사지에서 옮겨 온 석불을 봉안한 뒤 당호를 '자인당'이라 하였다. 응진전은 20세기 초에 유행한 장식적인 익공을 보이는 건물로 내부에는 고졸한 십육나한상이 봉안되어 있다.

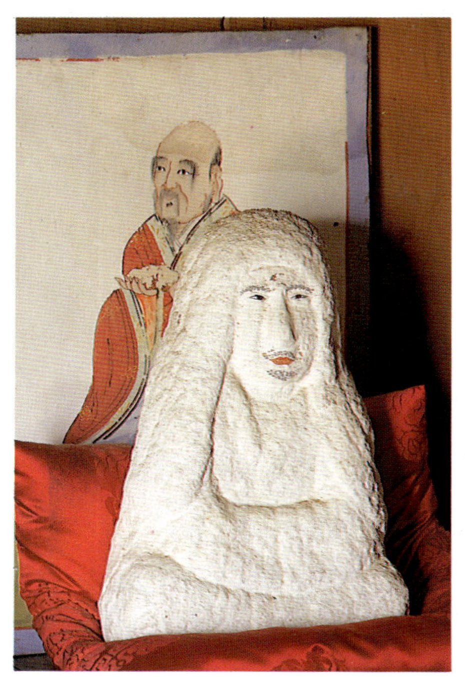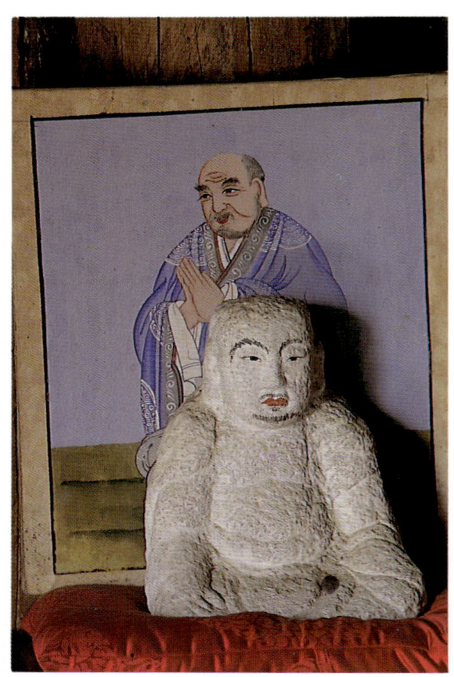

응진전에는 고졸한 형태의 십육나한상이 모셔져 있다.

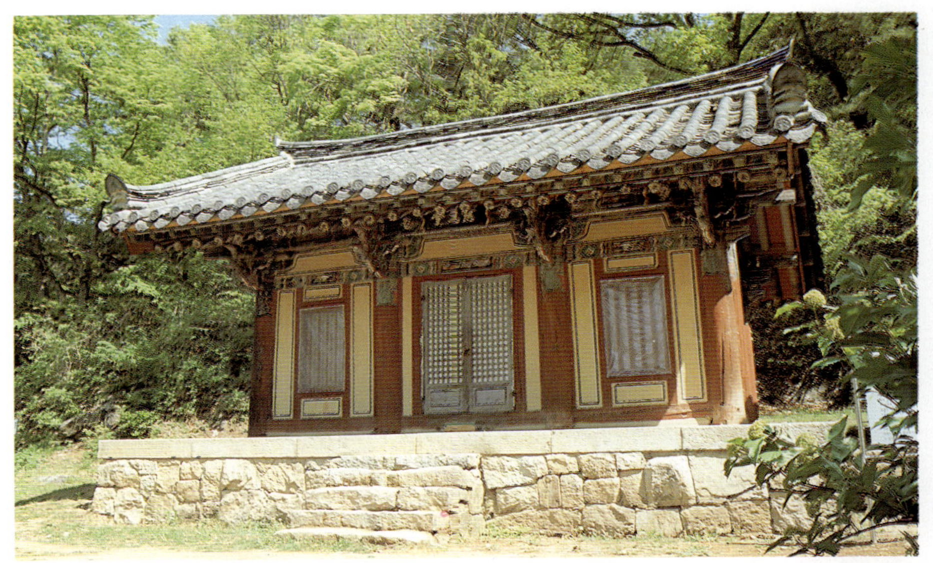

자인당 부석사에서 동쪽으로 1.5킬로미터 떨어진 폐사지에서 옮겨 온 석불을 이곳에 봉안하였다.

자인당(慈忍堂)

자인당은 선방의 용도로 사용되던 건물이다. 부석사에서 동쪽으로 약 1.5킬로미터 떨어진 폐사지에서 옮겨 온 석불을 이곳에 이안하고 당호를 '자인당'으로 고쳤다. 이는 부처님을 자인(慈忍) 대사라 하는 데서 따온 것이라 한다.

자인당은 정면 3칸, 측면 2칸의 맞배집이다. 공포가 건물 규모에 비하여 너무 크고 측벽에 여러 가지 형태의 옛 부재가 섞여 있는 것으로 보아 19세기 후반경에 해체 부재를 재사용하여 지은 것으로 추정된다. 후면 공포는 전면의 익공 형식과 달리 쇠서 없이 간단하게 처리한 물익공 형식인데 이는 조선 후기의 관점에서 볼 때 가장 경제적인 의장 기법이었던 것 같다.

현재 실내에는 석조 삼존여래 좌상을 모셨는데 가운데는 석가여래이고 좌우는 비로자나불(보물 제220호)이다.

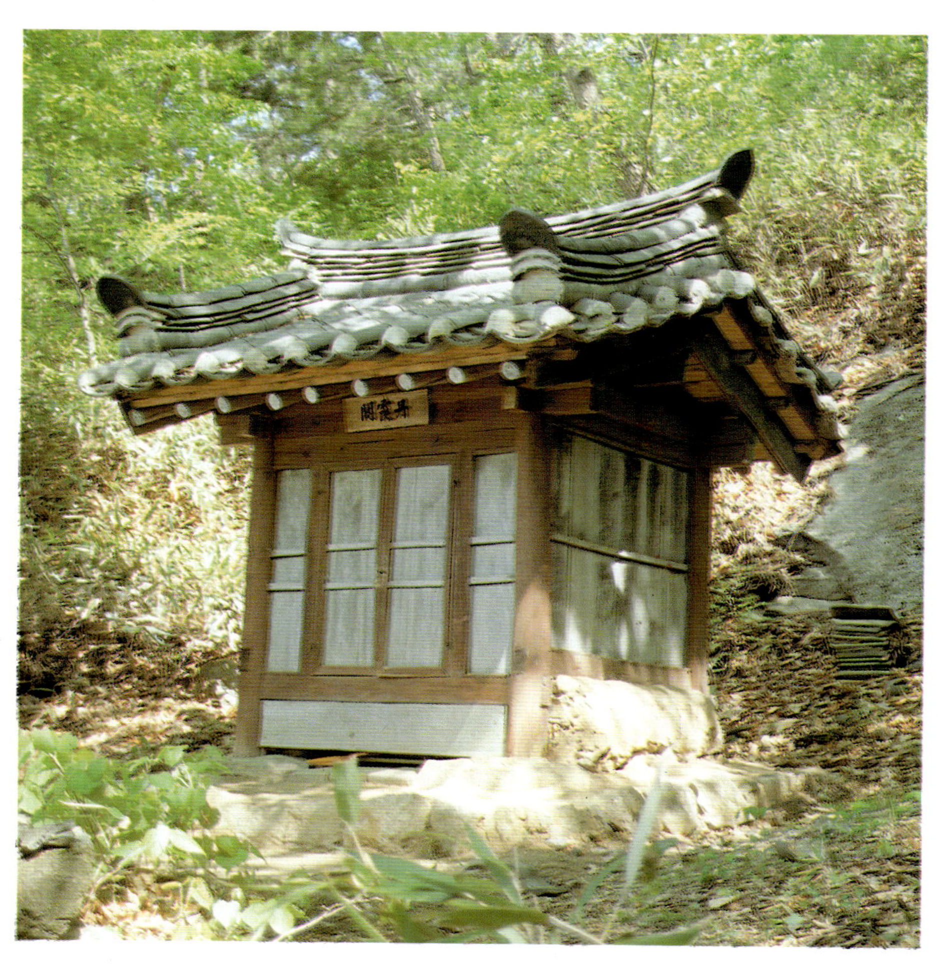

단하각 정면 1칸, 측면 1칸의 납도리 맞배집으로 응진전 뒤쪽에 위치하고 있다.

단하각(丹霞閣)

　최근세에 지은 정면 1칸, 측면 1칸의 납도리 맞배집으로 응진전 뒤쪽에 위치하고 있다. 현재 건물 내부에는 손에 쥐를 들고 있는 작은 나한상을 모시고 있다.

　정면에 걸린 현판의 '단하'가 무엇을 뜻하는지는 확실하지 않다. 사리를 얻기 위하여 목불을 쪼개 땠다는 단하소불(丹霞燒佛)의 고사로 유명한 중국 육조시대의 단하 천연(天然) 선사를 모신 것이라면 선종과 연관이 있는 전각이다. 그러기에 도량에서 다소 떨어져 있는 선방 근처에 지었는지도 모른다.

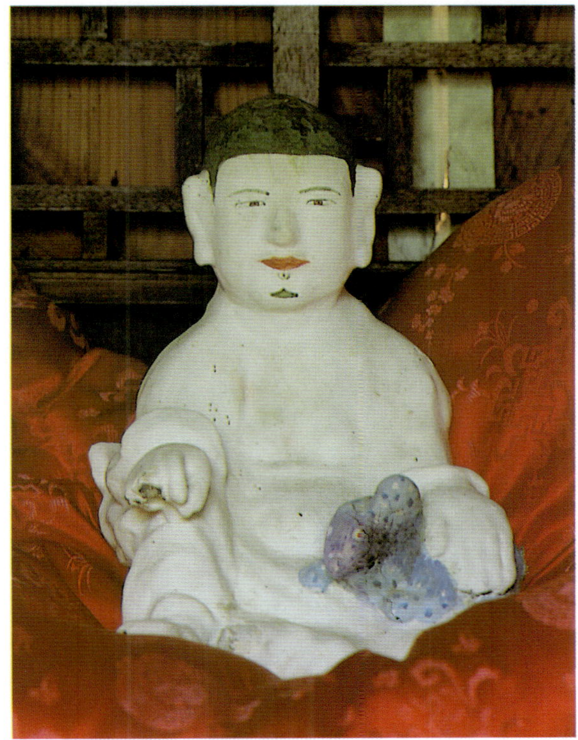

쥐를 들고 있는 나한

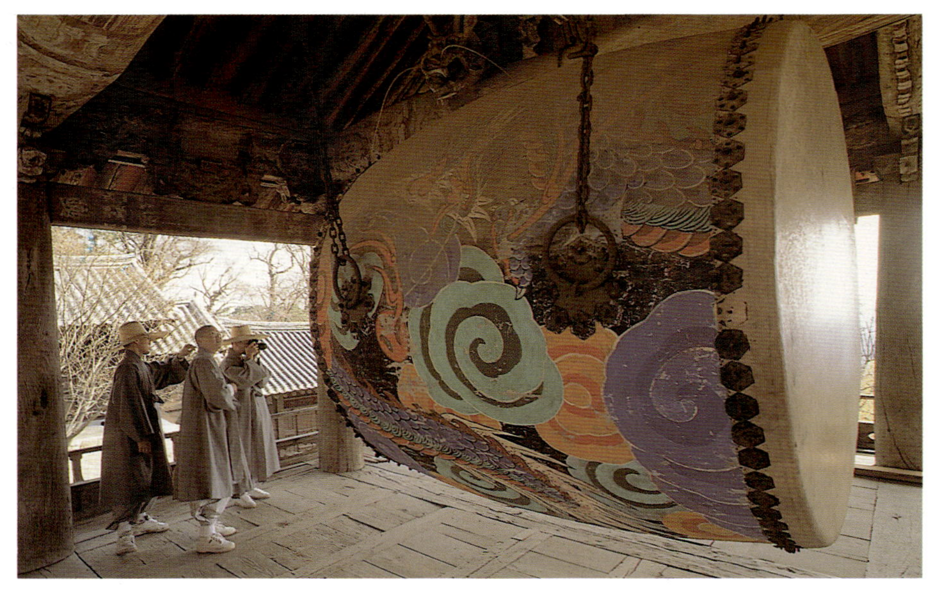

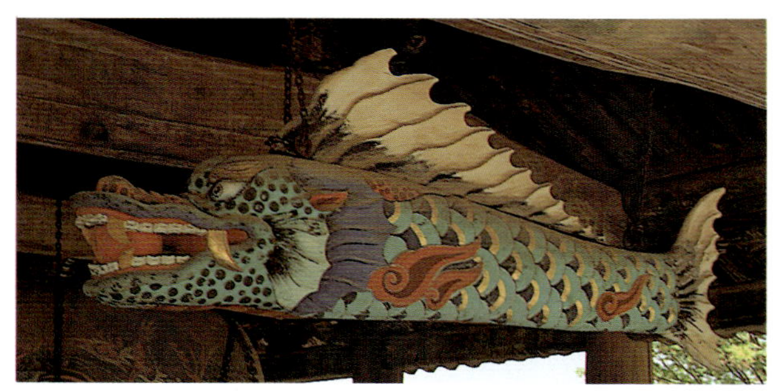

범종각의 대고(위)와 목어(왼쪽)

범종각(梵鍾閣)

부석사에는 2개의 누각이 있는데 안양루와 범종각이다. 문의 성격을 겸한 안양루가 석축 위에 작고 날아갈 듯하게 지은 누각이라면 대석축단과 안양루 석축으로 구분되는 공간의 중심에 위치하고 있는 범종각은 지반에 견고하게 버티고 선 안정감 있는 건물이다.

「부석사종각중수기」를 보면 안양루 아래에 승방, 만월당, 서별실,

만세루, 범종각 등이 있었다고 하는데 조선 영조 22년(1746)에 불타서 이듬해 다시 지었다고 한다. 현재 종보 위에 걸려 있는 '범종각'이라는 현판과는 달리 내부에는 다고(大鼓)와 목어(木魚)가 대들보에 매달려 있다. 건물 자체가 종을 달기에는 적합하지 않은 구조인 것으로 보아 옛 만세루 자리에 누각을 재건하고 당호만 범종각이라 한 것 같다.

범종각은 정면 3칸, 측면 4칸 규모의 2층 누각 건물이다. 우리나라 건물에서는 정면이 측면보다 길게 되는 것이 일반적인데 이 건물은 정면보다 측면이 길어지도록 놓여 있어 특이하다. 이는 누각 하부로 진입하는 통로가 있음을 암시한다.

건물의 놓임에 따라 지붕 형태도 달라지게 되었다. 지붕은 전면에서 팔작 형식인데 측면이 정면보다 길므로 지붕 구성상 일반 건물에서는 측면에 놓이는 박공이 전면에 놓이게 되었다. 후면에서는 맞배 형식으로 되었는데 누하 진입 때 팔작지붕의 서까래로 인한 답답함을 느끼지 않도록 한 배려이다. 그 결과 박공면으로 진입과 팔작 및 맞배지붕의 절충이라는 우리나라 전통 건축에서는 흔하지 않은 해결책이 만들어졌다.

자연 초석 위에 놓인 하층 기둥은 자연 곡선을 그대로 살려 치목(治木)한 것인데 외곽보다 내부의 기둥이 훨씬 가늘다. 내부 기둥은 초석도 보잘것없이 작고 기둥 머리에 껴 있는 창방도 기둥 중심에서 끝나지 않고 통칸으로 연결된 것으로 보아 후대에 구조적인 문제를 고려하여 추가한 기둥인 것 같다. 그래서 통로 공간이 답답하게 되었다.

누각의 상층은 하층 기둥 위에 귀틀을 짜올려 우물마루를 깔고 계자각 난간을 둘렀는데 상층 기둥 가운데 뒤쪽의 2개는 후대에 추

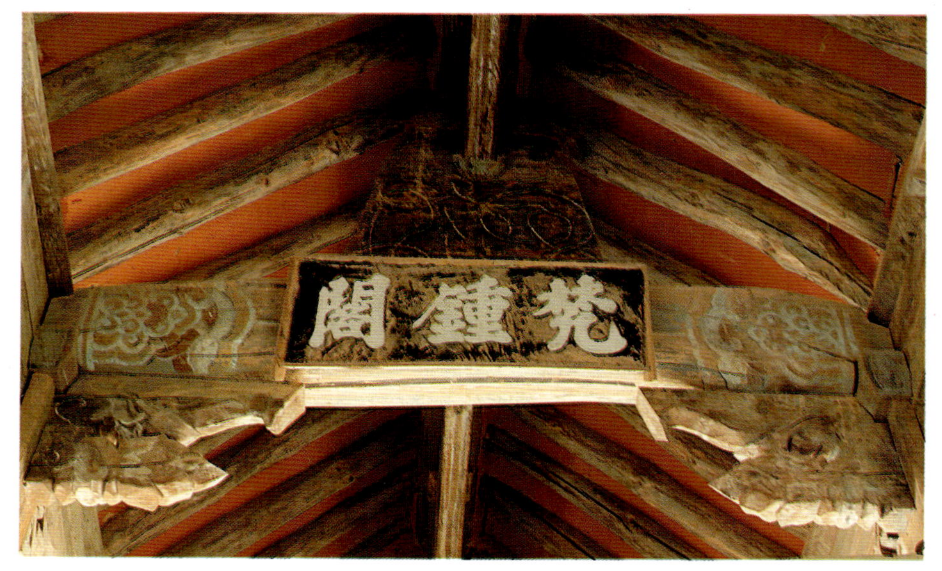

범종각의 현판

가한 것이다. 과거에는 이 기둥들이 없었기 때문에 누각에서 안양루를 보는 전망이 현재보다 훨씬 틔어 있었으리라 짐작된다.

공포는 익공 형식인데 기둥 위에만 배열된 주심포와 비슷하며 쇠서 밑의 연꽃 무늬 장식으로 보아 18세기 후반의 형식이다. 공포 사이의 화반은 화병과 보상화 등으로 장식하여 매우 화려하며 귀에는 용머리를 조각하여 붙였다. 이들 장식은 섬세하고 정교한 수작(秀作)들이다.

지붕 가구는 대들보를 양측면의 기둥 사이에 걸고 대공을 올려 종보와 마루도리를 받도록 꾸몄다. 이 건물에도 팔작지붕 가구를 꾸미기 위해 보편적으로 사용되는 충량(衝樑)이 있는데 머리 쪽에 용머리를 조각하여 붙여 장식적이다.

이 건물의 건립 연대는 18세기로 시기적으로 뒤지지만 건물의 앉음새라든지 의장 기법, 장식성 등에서 상당히 뛰어난 건물이다.

취현암(醉玄菴)

스님들이 거처하는 요사채로 범종각 위쪽에 있다. 원래 위치는 조사당 동쪽이었는데 일제 때 현재의 자리로 뜯어 옮겼다. 건물을 헐면서 묵서가 씌어진 부재(部材)가 나타났는데 이로 말미암아 원래 건물은 조선 효종 원년(1649)에 수리한 사실을 알게 되었다.

정면 4칸, 측면 2칸 규모의 맞배집으로 후면에는 툇마루가 있다. 일반적으로 정면 4칸짜리 건물은 기둥 사이 주칸이 모두 같거나 중앙의 2칸이 약간 넓다. 그런데 취현암에서는 이와 달리 정면 왼쪽으로부터 협칸—어칸—협칸의 순으로 배열되었으며 가장 오른쪽 칸에서 주칸이 협칸보다 더 넓어졌다. 요사채로 쓰인 건물이기 때

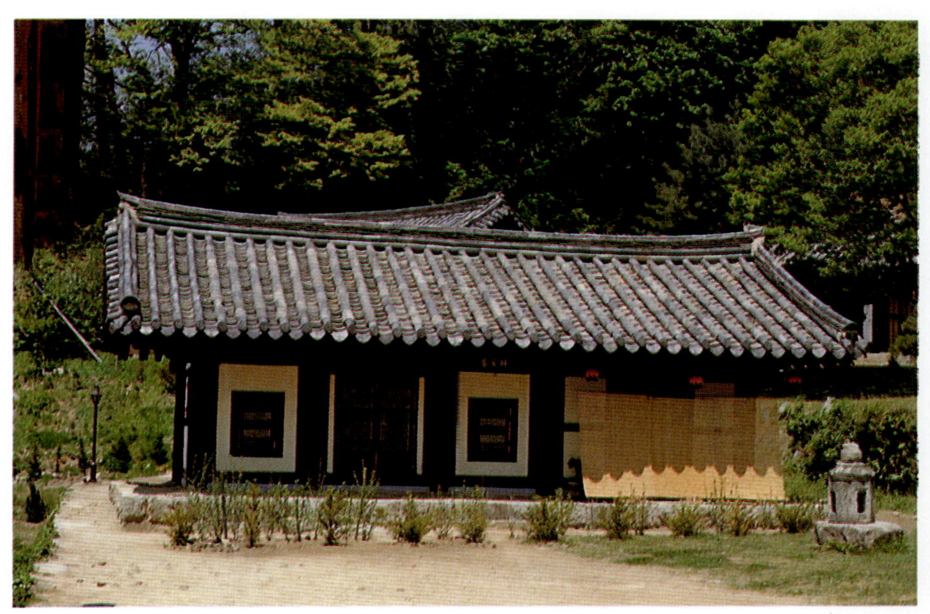

취현암

문에 부엌이 필요해서 후대에 늘려 내었는데 언젠가 이 부엌에 방을 들여 현재와 같은 모습으로 되었다.

익공 쇠서의 곡선이 우아하고 기둥에서도 배흘림 기법을 찾아볼 수 있기 때문에 이 건물은 아무리 늦게 잡아도 17세기 경에 건립된 것으로 추정된다.

응향각(凝香閣)

원래 강원 건물이었는데 현재는 스님들이 거처하고 있다. 무량수전으로 오르는 계단 오른쪽에 있었는데 통로와 너무 인접하여 1980년 철거하고 뒤로 물려서 신축하였다. 정면 5칸, 측면 1칸 반의 익공계 맞배집으로 최근에는 전면에 마루를 덧달았다.

신범종각(新梵鍾閣)과 보장각(寶藏閣)

만세루 위쪽 석축단의 좌우에 있는 건물들로 1980년의 보수 정화 공사 이후에 신축한 것이다.

신범종각은 정면 3칸, 측면 2칸 규모의 익공계 맞배집으로 기둥만 세워 개방하였는데 기둥 사이는 홍살로 막았다. 막돌로 만든 기단 위에 초석을 놓고 모서리에는 원형 주좌를 가진 방형 초석을 사용하여 특이하다. 지붕 가구는 도리를 3개만 사용하여 간단하게 구성하였으며 서까래도 꺾임 없는 통서까래이다. 내부에는 기둥이 4개 있어 근년에 새로 만든 범종을 매달아 놓았다.

보장각은 부석사 고려각판(보물 제735호)과 조사당에서 떼어 낸 벽화(국보 제46호)를 보관하기 위하여 세운 건물이다. 정면 3칸, 측면 2칸의 건물 2동을 석축단 위아래에 따로 건립하여 서로 연결하였다.

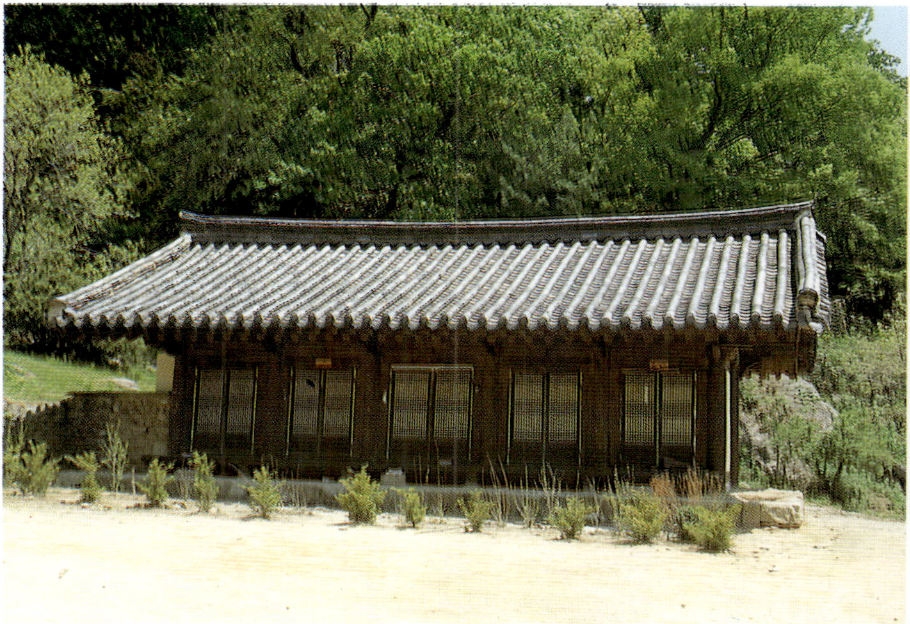

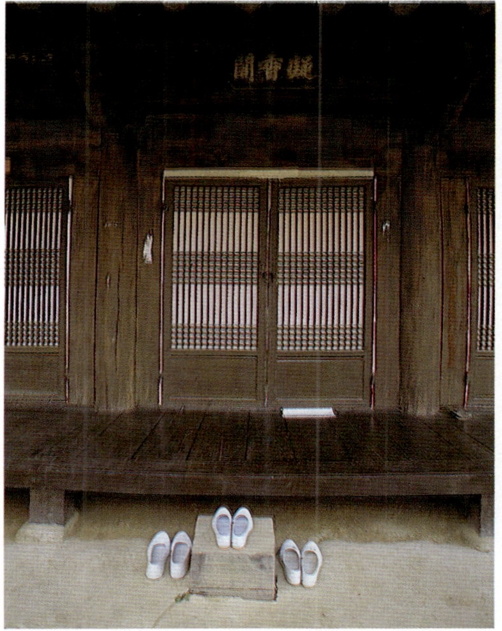

응향각

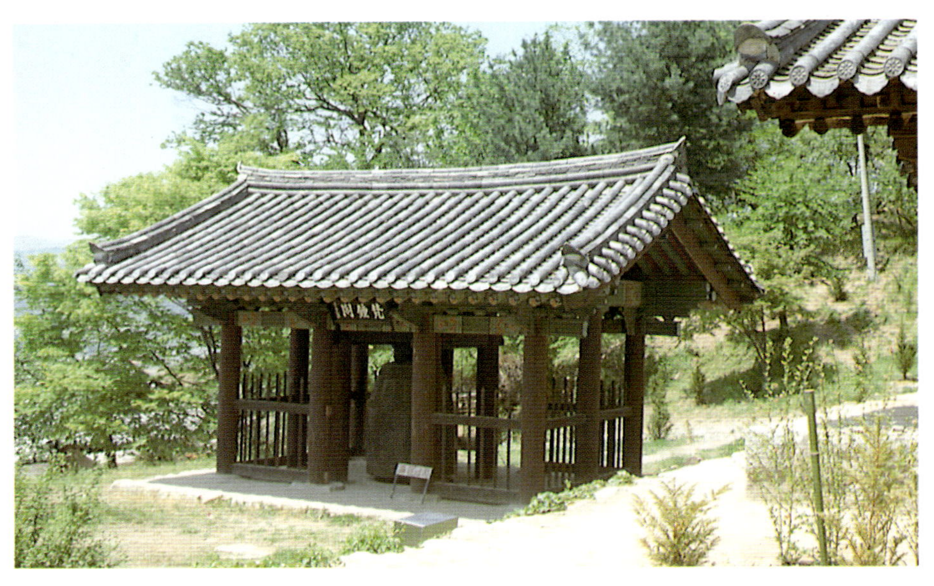

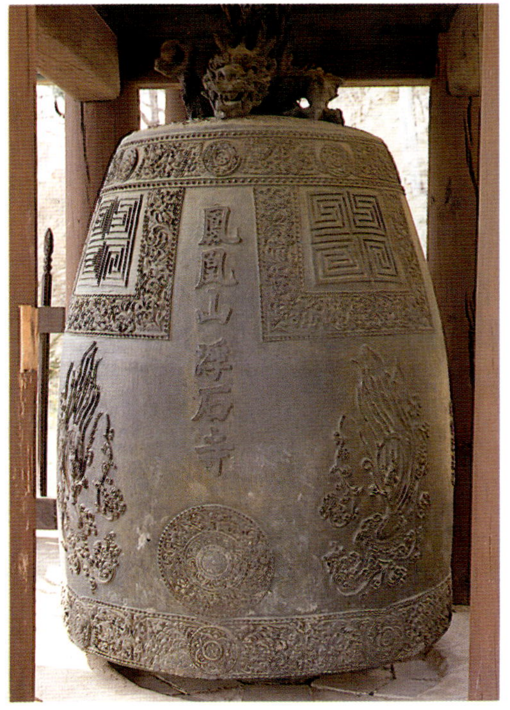

신범종각(위)

범종(왼쪽)

보장각(오른쪽)

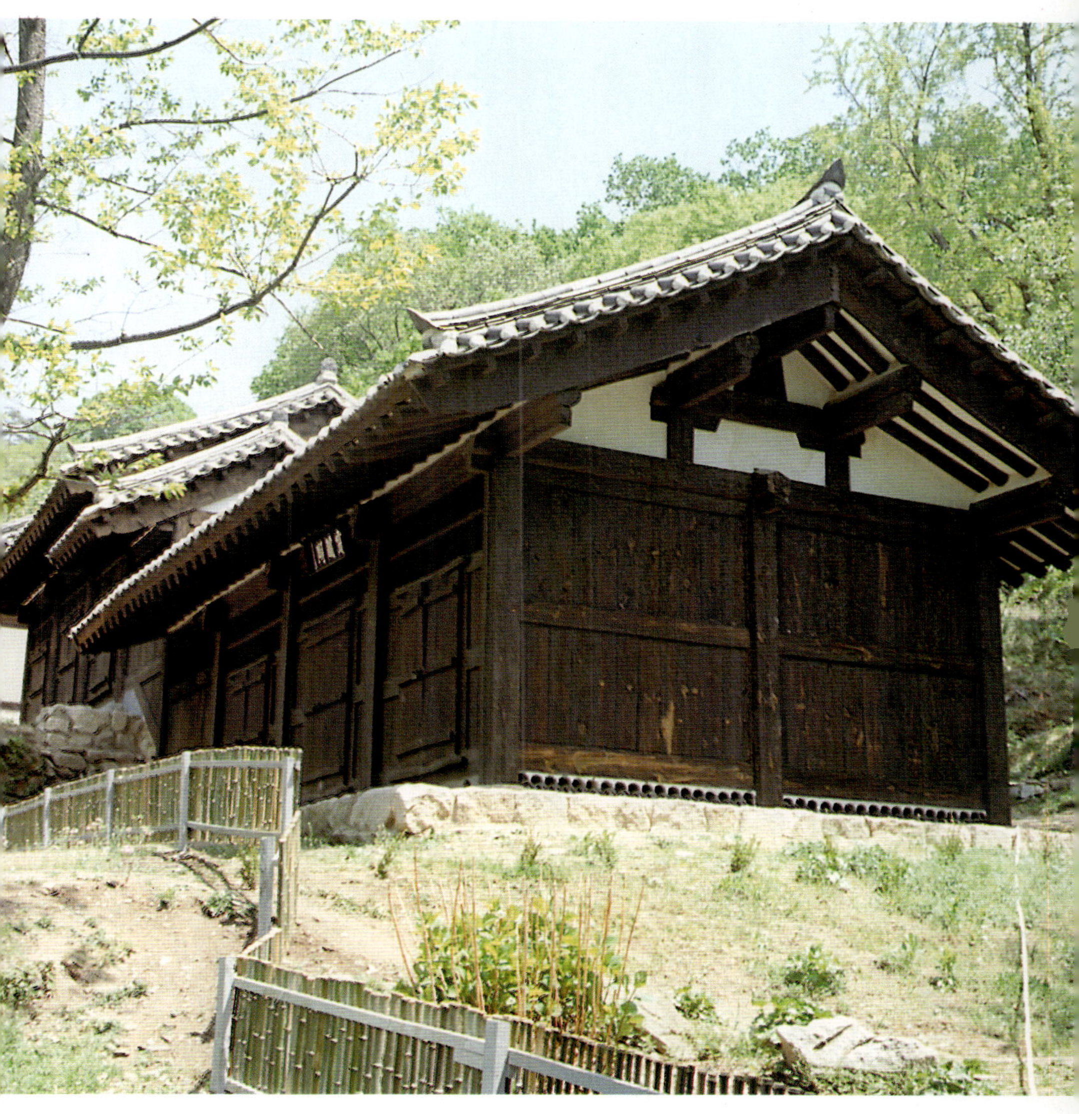

기단은 잡석으로 1단만 쌓았고 초석은 자연석이며 공포 구조가
없는 민도리 맞배집이다. 건물 4면에 환기를 위한 교살창을 두었다.

삼성각(三聖閣)

칠성, 독성, 산신 세 분을 한 곳에 모신 전각으로 무량수전 서쪽 석축 아래에 위치하고 있다. 삼성각은 우리나라 재래의 수(壽), 복(福), 재(財)의 삼신 신앙과 밀접한 관계가 있다고 한다.

현재의 삼성각은 원래 축화전(祝華殿)이라 불렀는데 영조 때 대비의 원당으로 지은 건물이라 한다. 1979년의 보수 때까지는 원각전(圓覺殿)이라 하였고 목조 아미타여래 좌상을 모셨었다.

장대석으로 4단 쌓은 기단 위에 원형 초석을 놓고 정면 3칸, 측면 2칸 규모의 건물을 세웠는데 지붕은 팔작 형식이다. 그리고 기단 바닥에는 전돌을 깔았다. 공포는 익공 형식이지만 마치 다포 형식처럼 기둥 사이에 주간포를 1구씩 끼워 넣은 점이 특이하다.

현재 내부에는 불단 중앙칸에 미륵 반가사유상을 봉안했고 후벽에는 칠성 탱화를 모셨다. 왼쪽 칸에는 산신도를, 오른쪽 칸에는 독성을 모시고 독성 탱화를 걸었다.

이 건물은 공포의 형태나 부재의 깎음 수법 등으로 보아 20세기 초에 건립된 것으로 판단되는데 장식성에 치우쳐 법식이 흐트러져 가는 현상을 잘 보여 주는 예이다.

삼보전(三寶殿)

삼성각 서쪽에 위치한 건물로 주변에는 낮은 돌담장이 둘러져 있는데 1980년에 신축하여 현재 주지실로 사용하고 있다. 장대석으로 쌓은 기단 위에 원형 초석을 놓고 세운 정면 3칸, 측면 1칸 반 규모의 익공계 맞배집이다. 내부에는 방 2칸과 부엌 1칸을 두었다.

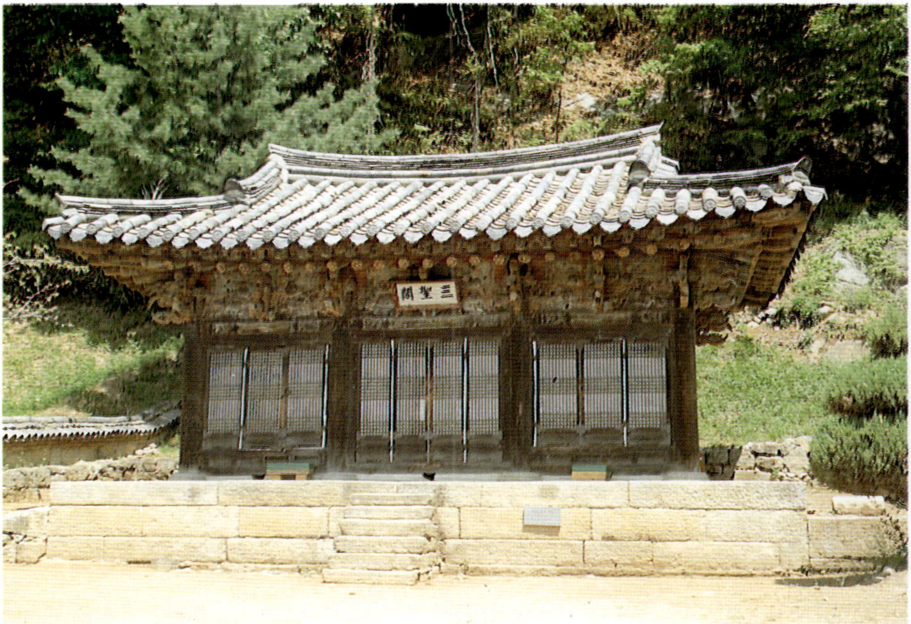

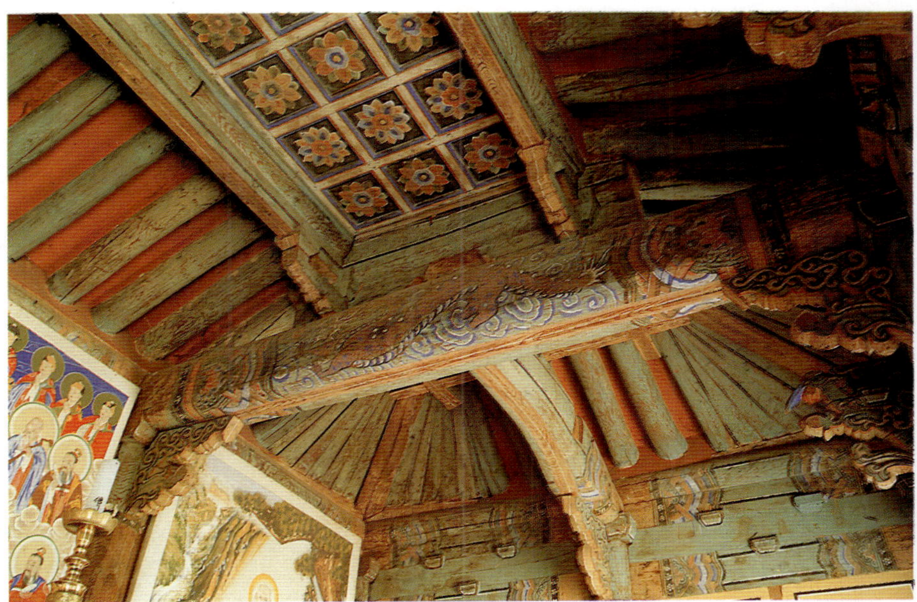

삼성각 칠성, 독성, 산신 세 분을 모신 전각으로 무량수전 석축 아래에 위치하고 있다.(맨 위)
삼성각 내부(위)

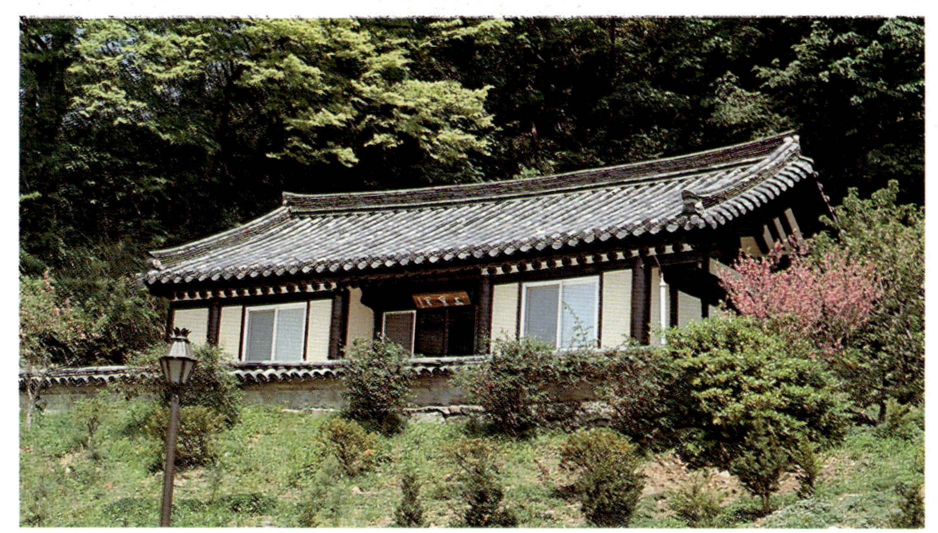

삼보전

천왕문(天王門)과 일주문(一柱門)

천왕문과 일주문은 소위 산문(山門)이다. 부석사가 화엄종의 종찰로서 번창하였던 신라와 고려시대에는 교리상 존재할 필요가 없었을 것이다. 이러한 산문들은 조선시대 이후 사찰이 통불교적인 성격을 띠게 되어 추가된 것으로 보인다.

천왕문은 사찰 안으로 들어오는 악귀를 제거하고 불법을 옹호하는 신중인 사천왕을 모신 전각이다. 사천왕은 수미산 중턱의 사천왕천을 주재하는데 동방 지국천왕, 남방 증장천왕, 서방 광목천왕, 북방 다문천왕 등 지키는 방위가 각각 다르다. 부석사의 천왕문은 당간지주를 지나 처음 나오는 석축 위에 있는데 이 터는 원래 조계문 터였다고 한다. 1978년에 발굴하여 노출된 유구를 정비하고 1980년에는 정면 3칸, 측면 2칸의 다포계 맞배집으로 복원하였다. 원래

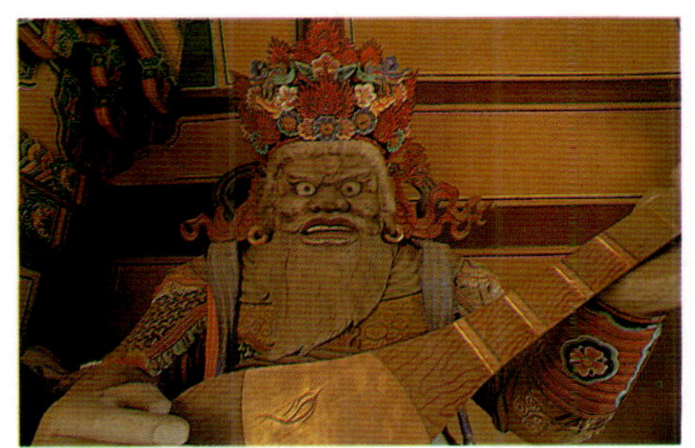

동방 지국천왕

천왕문에 모신 사천왕상

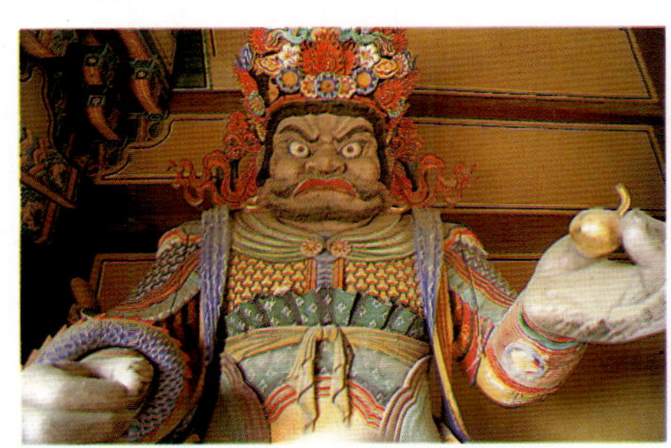

서방 광목천왕

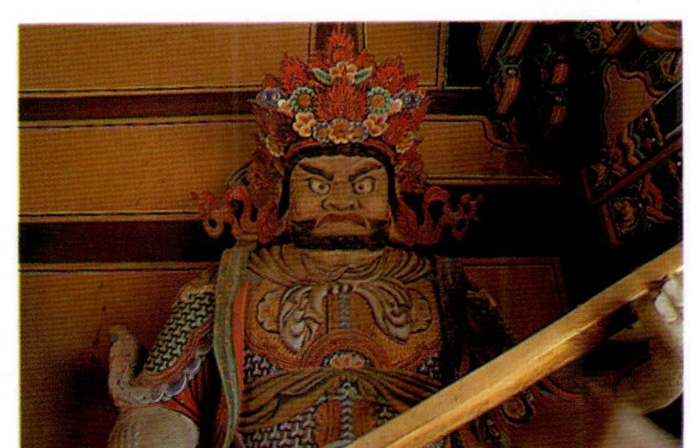

남방 증장천왕

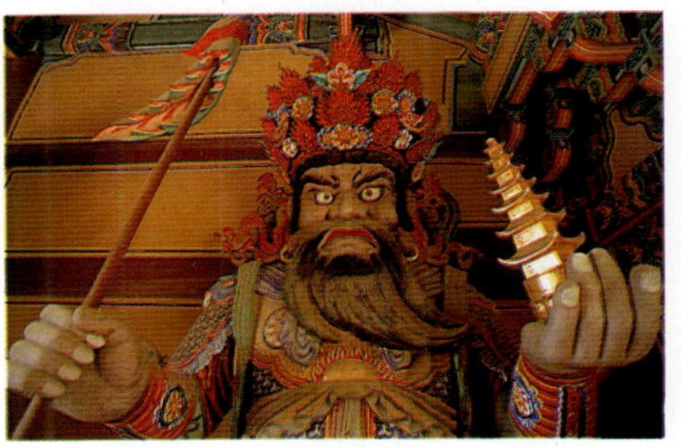

북방 다문천왕

가람의 구조와는 별로 맞지 않는 것 같다.

일주문은 특별한 기능이 있다기보다는 입구의 상징적 표시이다. 부석사의 일주문은 매표소를 지나 천왕문으로 오르는 길 중간에 있다. 1980년에 세운 다포계 맞배집인데 건물 높이가 나지막하여 아담하다. 당간지주가 안쪽에 있는 것으로 보아 일주문은 원래 위치에 세운 것이 아니다.

기타 건물들

종무소와 식당은 범종각 아랫단에 위치하고 있다. 두 건물이 거의 같은 규모로 평행하게 놓이고 그 사이에 스님들이 공양하는 방

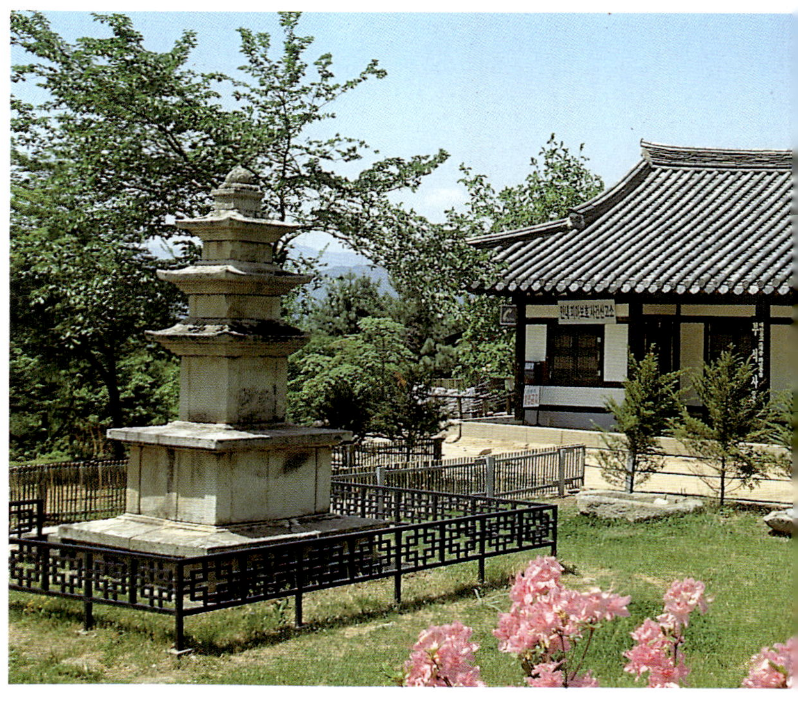

이 있어 트인 ㄷ자 형식으로 배치되어 있다. 세 건물 모두 1989년의 보수 정화 공사 이후에 신축한 건물이다. 종무소 맞은편에는 맞배지붕을 올린 한옥 화장실이 있다.

종무소는 장대석 기단 위에 둥근 초석을 놓고 원기둥을 세워 정면 5칸, 측면 2칸의 홑처마 팔작지붕의 건물을 세웠다. 전후면에 모두 툇마루를 두었고 내부에는 온돌방을 들였다. 내부는 3칸으로 나누어 중앙칸만을 사무실로 사용하고 있다.

식당은 종무소와 같은 규모, 같은 형식의 건물이다. 공양실은 정면 3칸, 측면 2칸의 홑처마 맞배지붕을 갖췄고 내부에는 온돌을 깔았다.

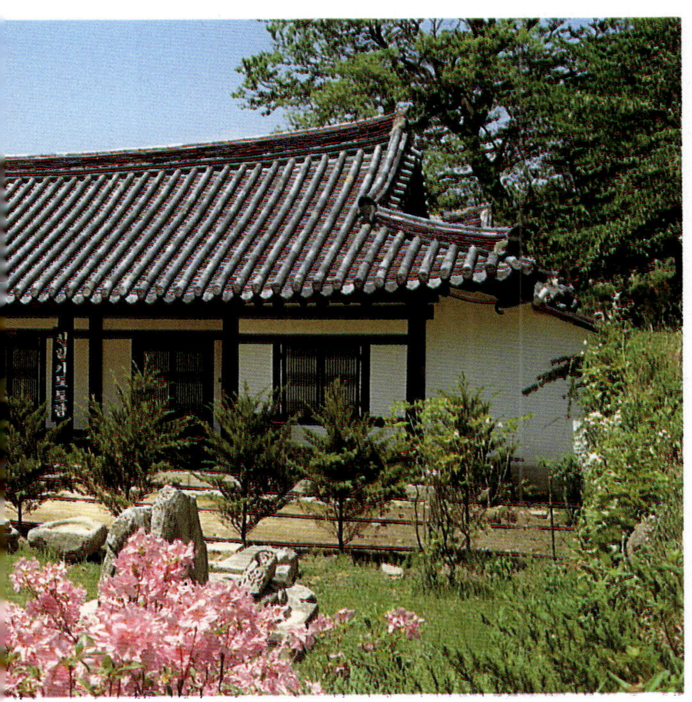

종무소

유물

신라 문무왕 16년(676) 의상 대사가 창건한 우리나라의 대표적 화엄종 수사찰인 부석사에는 신라시대부터 조선시대에 이르는 유물들이 전하고 있어 부석사의 유구한 역사를 증명해 준다.

현존하는 유물을 시대별로 살펴보면 신라시대의 것으로는 절 입구에 세워진 당간지주, 무량수전 동쪽의 석탑을 비롯한 3층석탑 3기, 석등 2기, 그리고 자인당에 봉안된 3구의 석불좌상이 있으며 고려시대의 유물로는 무량수전의 주존으로 봉안된 소조 여래좌상, 조사당에 그렸던 벽화 6점, 원융국사비, 그리고 화엄경 목판 등을 들 수 있다. 조선시대의 유물 가운데 대표적인 것으로 현재 괘불이 전해지고 있다. 그리고 승당지로 추정되는 곳에는 큰 석조(石槽)와 맷돌이 남아 있어 부석사의 사격(寺格)을 전하고 있다. 또한 경내에는 괘불대, 석등의 화사석, 불상 광배편, 배례석, 장대석 등 석물의 부재들이 산재해 있다.

원래는 이보다 훨씬 많은 수의 우수한 미술품들이 있었겠지만 경내에 현존하는 유물들은 화엄종의 수사찰인 부석사의 지위와 유구한 역사에 비해 그다지 많은 수는 아니다. 더구나 이들 가운데 석불상들과 3층석탑 등은 부석사의 유물이 아니고 다른 절터에서 옮겨 온 것이다. 그러나 고려시대의 대표적인 주심포계 건물로 손꼽히는 무량수전과 여기에 봉안된 소조 불좌상, 현존 최고(最古)의 사찰 벽화인 조사당 벽화, 당간지주와 석등, 고려각판 등의 유물들은 모두 당대를 대표할 만한 작품이라고 할 수 있다.

이외에 1916년 무량수전의 해체 수리 때 대들보에서 금동 약사불입상을 비롯한 20여 구의 유물들이 발견되었는데 이들 가운데 13구의 불상들이 현재 국립중앙박물관에 보관되어 있다.

불화

조사당 벽화(국보 제46호)

크기 : 205.0×75.0센티미터

부석사에 전하는 벽화 6점은 원래 조사당 벽면에 그려졌던 것이다. 일제 시대에 벽체에서 분리하여 무량수전에 보관하다가 현재는 별도의 보호각에 보관되어 있다. 이들은 현재 남아 있는 우리나라의 사원 벽화 가운데 가장 오래 된 작품으로 널리 알려져 있다. 범천(梵天)과 제석천(帝釋天) 그리고 사천왕상(四天王像)을 그린 것인데 이 절의 창사주인 의상 대사를 기린 조사당에 그린 점으로 미루어 보아 이를 외호하려는 의도로 제작한 듯하다.

범천(梵天) 범천은 오른쪽(향좌)을 향한 측면관으로 서 있는 자세이다. 머리에는 화관을 쓰고 얼굴 뒤로 원형의 두광이 희미하게 보이며 앞으로 약간 내민 배 위에 두 손을 맞잡고 있다. 넓적한 얼굴에 긴 눈과 작은 입에서 위엄이 느껴지며 굵은 목, 넓고 듬직한 어깨 등이 전체적으로 풍부한 양감과 함께 건장한 인상을 풍긴다. 가슴께에 요대(腰帶)를 한 곤룡포(袞龍袍) 모양의 옷을 입고 있으며 소매 속으로 맞잡은 듯한 양팔 위로 드리운 천의(天衣)가 발끝까지 늘어져 있다. 허리 아래는 박락이 심하고 후대에 개채(改彩)하여 정확한 묘선과 채색을 살필 수 없지만 풍만한 얼굴에 작은 이목구비, 옷단의 화려한 장식 문양 등 귀족적인 모습으로 고려시대에 제작된 존상으로 여겨진다.

제석천 범천과 마주보이는 측면관을 취한 제석천은 화려한 보관을 쓰고 합장한 보살형이다. 아름답고 단아한 얼굴, 좁은 어깨와 날씬한 체구 등 여성스럽고 우아한 자태이며 정적인 분위기를 풍긴다. 구슬과 꽃으로 장식된 보관을 머리에 썼으며 보발(寶髮)이 어깨 위로 길게 내려와 있다. 합장한 양팔 위로 윗옷의 끝단이 좌우로 날카롭게 뻗쳐 있는데 양팔에 걸쳐진 천의는 아래로 흘러내려 유연한 곡선을 이루고 있다.

이들 범천과 제석천은 모두 암녹색 바탕에 먹선으로 윤곽을 그린 후 진홍, 살색, 녹색 등의 채색을 가했는데 얼굴이나 의복 등에 보이는 묘선은 매우 부드럽고 유연하게 흐른다.

사천왕 귀부인 같은 느낌을 주는 범천과 제석천과는 달리 수호의 임무를 맡은 사천왕상은 그들의 성격처럼 굴곡이 심한 활달한 곡선을 구사하여 매우 생동감 있는 모습을 보여 준다.

동방의 수호신인 지국천왕(持國天王)은 새털로 장식된 투구를 쓰고 왼손에 칼을 든 채 악귀를 밟고 서 있다. 둥그렇게 부릅뜬 눈, 곱슬곱슬한 눈썹과 수염 그리고 울퉁불퉁한 코는 올빼미 같은 투구 장식과 함께 무섭다기보다는 회화적(戱畫的)인 느낌을 자아낸다. 건장한 신체를 감싼 천의와 갑옷 역시 굴곡이 심한 묘선의 강조로 약동하는 천왕의 모습을 구체화시키려 하였다. 양다리 사이로 내려온 옷자락은 두 가닥으로 나뉘어지고 그 사이에 악귀가 그려져 있는데 단단히 눌려 옆으로 일그러진 입은 단순하지만 인상적이다.

남방 증장천왕(增長天王)은 고개를 약간 숙인 채 어깨를 들어올리고 몸은 오른쪽으로 틀고 있어 활달하고 율동적인 모습이다. 오른손은 배 위에 얹었고 왼손으로 화살을 잡고 있다. 가슴 쪽의 천을 묶은 매듭을 갑옷 아랫단과 경갑 위에도 그려 넣어 치밀하고 장식적인 느낌을 준다.

서방 광목천왕(廣目天王)은 사천왕 가운데 가장 보존 상태가 좋은 편이다. 외호신다운 위엄이 잘 나타난 작품으로 두 발로 악귀를 단단히 누르고 서서 칼을 잡고 있다. 갑옷에는 발 밑의 악귀처럼 생긴 그로테스크한 귀면이 그려져 있다. 이들과 함께 여러 가닥의 천의가 몸 주변으로 복잡하게 흐르는데 약간 형식적인 형태이다.

북방 다문천왕(多聞天王)은 오른손을 허리에 대고 있으며, 다른 상과는 달리 한 발을 들어올려 악귀를 밟고 있는 당당한 모습이다. 눈썹과 수염이 곧고 코와 입은 인간적인 모습이다. 광목천왕처럼 귀면 장식이 여러 개 붙은 갑옷을 입고 있으며 왼손에 긴 창을 쥐고 있다.

이상의 벽화들은 현재 박락과 개채가 심하여 정확한 양식을 살피기 어렵다. 이 벽화들의 제작 연대는 지금까지 조사당 장여 묵서명의 기록대로 1377년으로 알려져 왔다. 그러나 도리 하단에 1201년에 개채한 것을 다시 1493년에 개채하였다고 한 묵서명의 기록으로 보아 1377년 제작설은 재고해 보아야 한다. 또한 사천왕상의 표현 기

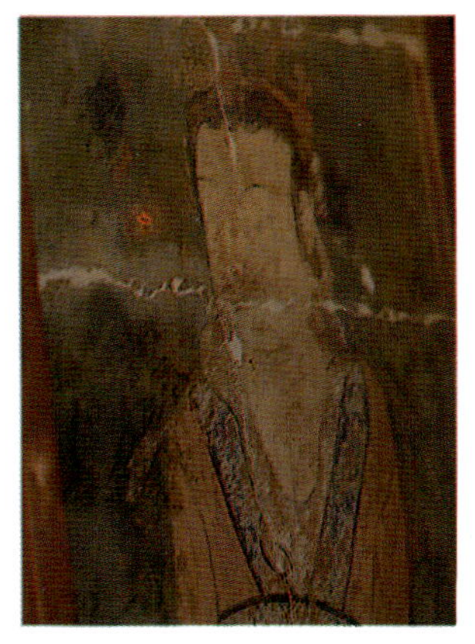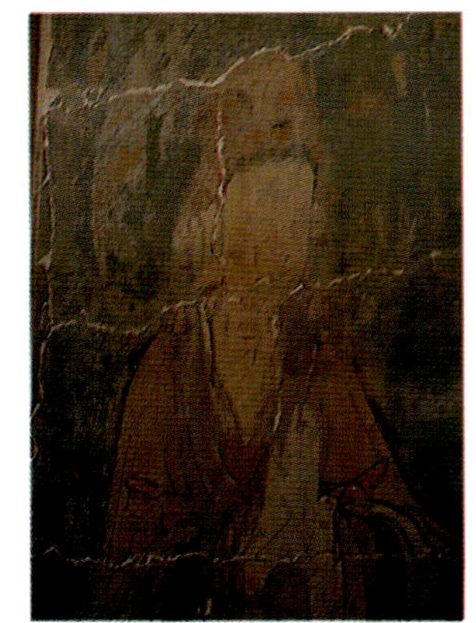

조사당 벽화　부석사에 전하는 벽화 6점은 원래 조사당 벽면에 그려졌던 것으로 무량수전에 보관하다가 현재는 별도의 보호각에 보관되어 있다. 이들은 현재 남아 있는 사원 벽화 가운데 가장 오래된 작품이다.

범천(왼쪽)

제석천(오른쪽)

사천왕상(아래)

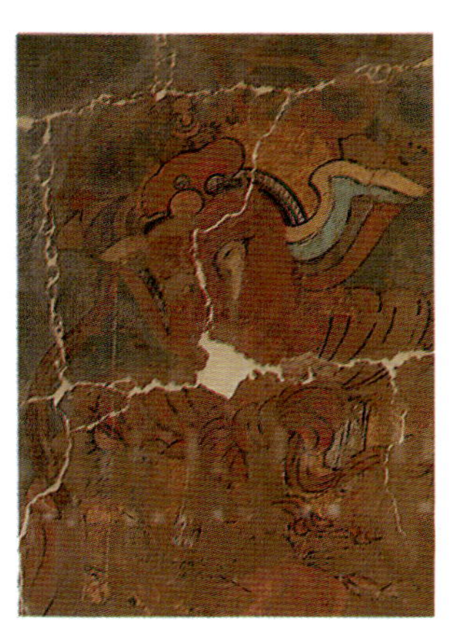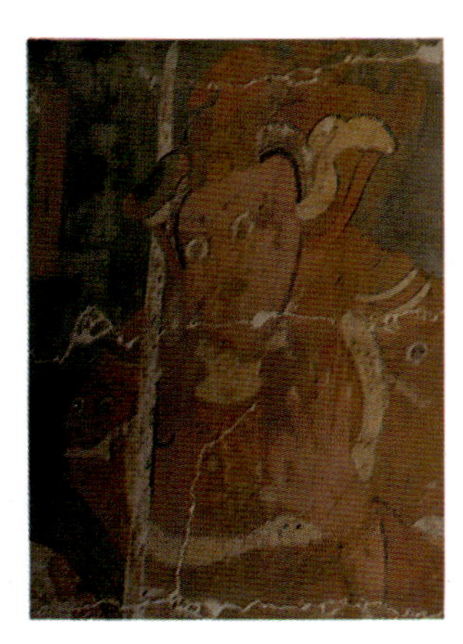

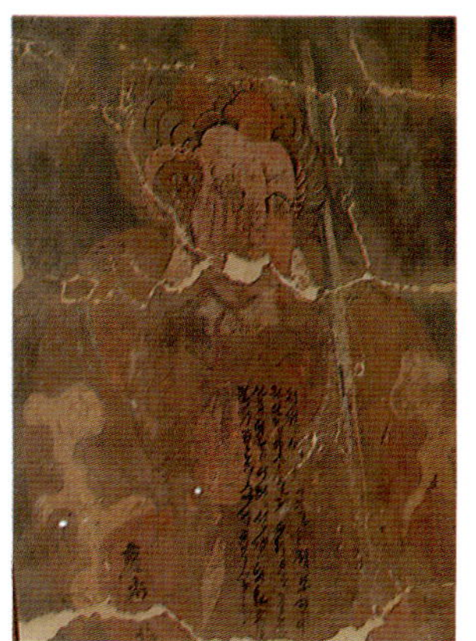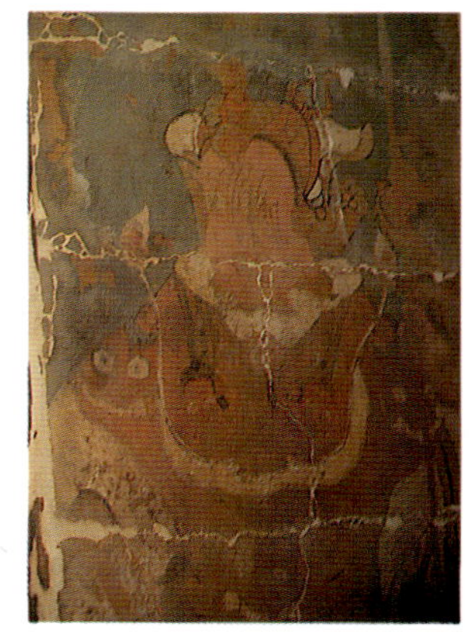

법은 「인종일책(仁宗諡册)」의 선각 천부상과 같은 12세기 작품과 비교되며, 14세기 불화의 양식보다는 유연하고 세련되었기 때문에 이들 벽화의 제작 시기는 14세기 이전으로 거슬러 올라가야 할 것 같다.

괘불(掛佛)

크기 : 8.6×6미터

재료 : 마(麻)에 채색

현재 부석사에 전하는 괘불은 1745년에 제작된 것이다. 원래 부석사에는 이 괘불이 제작되기 60년 전인 숙종 10년(1684)에 제작된 괘불이 있었다(현재 국립중앙박물관 소장). 화기에 의하면, 이것이 훼손되어 1745년 현재의 괘불을 다시 제작하였고 1684년에 만든 괘불은 수리하여 충청도 청풍 신륵사(神勒寺)로 옮겼다고 한다. 현재의 괘불은 1684년 괘불의 구도와 유사하여 그것을 범본으로 삼아 그린 것으로 보인다.

그림의 전체적인 구도는 상하 2단으로 이루어졌다. 그러나 이 불화는 내용상 종횡으로 구분되는 독특한 구도를 이루고 있다. 상하 구도로 볼 때 상단은 비로자나불(毘盧舍那佛), 약사불(藥師佛), 아미타불(阿彌陀佛)이 나란히 앉아 있는 삼불좌상, 하단은 석가모니불을 중심으로 한 영산회상도(靈山會相圖)로 구성되어 있는데 이것이 화면의 3분의 2 이상을 차지하고 있다. 석가모니불이 영취산에서 설법하는 모습을 그린 통상적인 영산회상도와는 달리 비로자나불을 중심으로 하여 삼불을 첨가한 복합적인 설법도이다.

상단의 삼불 중앙에는 지권인(智拳印)을 취한 비로자나불이 자리하는데 다채로운 광선으로 된 여의주 모양의 광배(光背)를 지니고 있다. 왼쪽의 약사불은 결가부좌한 다리 위에 왼손에는 약합(藥盒)을 들었고 오른손을 위로 굽혀 어깨까지 들었다. 약사불은 원형의 두광과 신광으로 싸여 있는데 이 주위를 약사 12신장이 에워싸고 있고, 약사불 아래에는 협시인 일광(日光)과 월광(月光) 보살이 합장하고 있다. 오른쪽의 아미타불은 약합만 없을 뿐 자세와 모습이 약사불과 동일하며, 역시 그 아래에 관음(觀音)과 세지(勢至)보살이 시립하고 있고 무릎 좌우에 미륵(彌勒)과 지장(地藏)보살이 배치되어 있다. 나란히 앉아 있는 이 삼불 위에는 비로자나불에서 뻗어나온 오색광선과 구름이 배경을 이루고 그 사이로 타방불(他方佛)들이 내려오는 장면이 전개되어 있다.

화면의 3분의 2를 차지하는 하단의 중심에는 항마촉지인(降魔觸地印)을 취한 석가모니불이 커다랗게 그려져 있다. 본존은 여러 겹으로 장식된 보주형의 거신광(擧身光)에 싸여 있는데, 외곽에서부터 오색 광선과 굵은 적색 외곽선, 연주문 등이 여러 겹을 이루고 내면은 화려한 꽃무늬로 장식되었다. 이 석가불을 여러 협시들이 에워싸고 있는데 무릎 아래 문수, 보현보살을 위시한 8대 보살과 그 위에 아난, 가섭을 필두로 한 10대 제자, 범천, 제석천, 사천왕, 팔부중, 타방불 등의 권속들이 세 겹으로 본존을 에워싸고 있다.

이 석가불 아래쪽에 역시 화려한 광배에 싸여 있는 보살형 입상이 배치되어 있는데 다른 보살들과는 달리 화려한 보관을 썼으며 두 손을 어깨 쪽으로 올려 외장(外掌)한 채 설법인을 취하고 있다. 이러한 도상은 비로자나삼신불(毘盧遮那三身佛) 가운데 보살형 노사나불(盧舍那佛)을 그린 것이다. 곧 이 노사나불은 상단의 비로자나불과 중앙의 석가불을 잇는 중심축상에 위치하는데 아마도 비로자나삼신불을 의도한 듯하다. 다시 말해 비로자나와 석가의 위치를

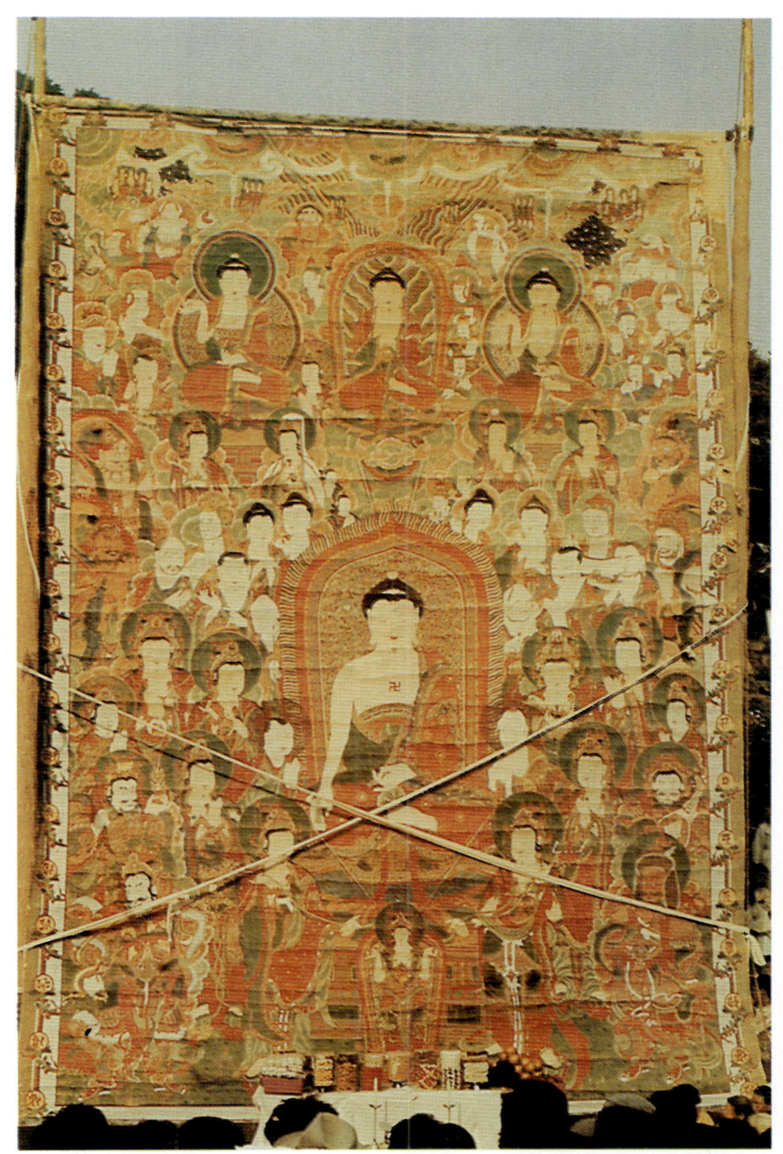

괘불 통상적인 영산회상도와는 달리 비로자나불을 중심으로 삼불을 첨가한 복합적인 설법도이다. 대웅전에 석가모니 영산회상도만 봉안하지 않고 약사불, 아미타불과 함께 삼세불화를 봉안한 것과 여기에 화엄종의 주존인 비로자나불 그리고 삼신설을 구체화시킨 비로자나삼신불화를 결합한 이 그림은 당시 그려진 불화의 경향과 부석사의 사상적 배경을 잘 보여 준다.

바꾸어 놓는다면 상단의 삼불은 약사불, 석가불, 아미타불이 되어 삼세불(三世佛)을 이루고, 세로로는 석가불, 비로자나불, 노사나불로 전개되어 바로 비로자나삼신불이 되는 것이다. 그러므로 이 불화는 삼세불과 비로자나삼신불의 도상을 가로, 세로로 조합시킨 특이한 불화가 되는 것이다. 이렇게 볼 때 이 불화는 영산회상도가 중심적이지만 상단 가로에 배치된 삼불과 세로로 배치된 비로자나삼신불 등으로 복합적인 도상을 형성하고 있다고 볼 수 있다. 이것은 당시 석가모니불화가 봉안되는 대웅전에 석가모니 영산회상도만 봉안하지 않고 약사불, 아미타불과 함께 삼세불화를 봉안했음을 알려주며, 여기에 화엄종의 주존인 비로자나불, 삼신설을 구체화시켜 표현한 비로자나삼신불화를 결합한 것으로, 당시 그려진 불화의 경향과 부석사의 사상적 배경을 잘 보여 주는 작품이다.

석가모니와 비로자나불 등 여래상은 어깨가 좁아 장대하게 보이진 않으나 원형의 원만한 얼굴에는 이목구비가 가늘고 섬세하게 표현되어 다소 근엄한 인상이다. 한편 보살상들은 갸름한 얼굴에 이목구비가 작아 단아하다. 이러한 존상의 표현 방법, 곧 불상 머리의 뾰족한 정상계주(頂上髻珠), 화려한 광배, 적색과 녹색이 주조색으로 사용된 점 등 18세기 불화의 특징들이 잘 드러나 있다.

화기(畵記)
乾隆拾年乙丑四月日掛佛幀安于浮石寺
　　施主秩
平安道殷山南面火石里屘婆幀彩色後排發願
大施主幼學林根　兩位保體
供養普施大施主通政斗想保體

供養大施主嘉善比丘普閑保體

供養普施大施大主李春運兩主保體

供養大施主通政比丘娅天保體

供養大施主南鎭邦兩主保體

供養大施主比丘思玉保體

供養大施主崔鶴立兩主保體

供養大施主比丘克玄保體

供養大施主嘉善比丘□賢保體

供養大施主通政朴戒元兩主保體

供養大施主折衝申業尚兩主保體

供養大施主金是琢兩主保體

供養大施主嘉善比丘信元保體

供養大施主南海尚兩主保體

供養大施主女元時今兩主保體

供養大施主通政比丘辛衍保體

供養大施主幼學洪善丁兩主保體

布施施主幼學洪推三兩主保體

布施施主幼學洪終贊兩主保體

布施施主幼學具虛炎兩主保體

布施施主幼學朴世英兩主保體

布施施主中泰嚴兩主保體

布施施主元泰文兩主保體

布施施主比丘□恩日保體

布施施主嘉善禹時占兩主保體

布施施主金是今兩主保體

布施施主泰千伯兩主保體
布施施主嘉善金天梗兩主保體
供養施主比丘三應保體
供養施主通政卜湖保體
供養施主通政最卜保體
供養施主童子權岳只保體
供養施主通政就進保體
供養施主林遇撑兩主保體
供養施主金彭植兩主保體
供養施主劉斗昌兩主保體
供養施主權尙伯兩主保體
供養施主徐德章兩主保體
供養施主嘉善比丘厚眠保體
供養施主朴枝薦兩主保體
供養施主通政行察保體
供養施主徐義嶯兩主保體
供養施主嘉善權進彥兩主保體
供養施主權萬德兩主保體
　　緣化秩
證明　名現大禪月巖堂震基保體
　　　名現大禪幻㝠堂詳心保體
誦呪　比丘穎眠保體　比丘王謙保體
知香　比丘月照保體　比丘三澤保體
畵員秩
良工引勸譡瑒氣保體

比丘祖玄保體

通政 湫眠保體

嘉善 雷玉保體 尙政保體 宗玘保體

　　　自仁保體 順義保體 喚禪保體

　　　孰鵬保體 竹鵬保體 自秋保體

　　　覺淳保體

供養主 覺眞保體 證總保體

都藍 比丘斗想保體 比丘三意保體

負本 自淸保體

未往 三條保體

化主幹善□大 比丘 沃淸保體

　三綱秩

僧□□□遊沃保體

　三賢□秩

別着□□善

持事 朗秋 都□□□□□保體

　宗師秩

名現大禪師僧盆保體

大宗師大鏡比丘 大宗師權定比丘

大宗師致寬比丘 大宗師禪學比丘

　老德秩

比丘敬□

通政 華 妙天 法熙 □察 義英

通政 最卞 卞□ 最連 王察 寬

□□□ 藏

□□□碧空
□□□智軒
□□□□□ 贊 默 銀裕 雷玉

불상

소조 여래좌상(국보 제45호)

불상 높이 : 2.78미터

광배 높이 : 3.8미터

무량수전의 주존으로 봉안된 고려시대의 대표적인 소조 불상이
다. 무량수전에서 동남쪽을 향하고 있으며 오른손으로 항마촉지인
의 수인을 취하고 있다. 나발(螺髮)에 큼직한 육계, 풍만한 얼굴, 길
게 올라간 눈꼬리, 날카로운 콧날, 두터운 입술 등의 상호(相好)에
서 근엄한 분위기가 느껴진다. 건장해 보이는 이 상은 결가부좌한
자세를 취하고 있는데 안정감과 엄숙함을 더해 준다. 왼쪽 어깨와
팔을 덮은 편단우견(偏袒右肩)의 법의는 가슴과 배를 지나며 촘촘
한 평행 주름선을 형성하는데 이러한 모양의 옷 주름은 양쪽 다리
에도 표현되어 있다.

이 불상의 당당하면서도 장중한 신체와 안정감 있는 자세, 그리
고 편단우견의 착의 형식과 옷 주름 등은 석굴암 본존불을 모본으
로 삼아 제작된 춘궁리 철조 석가여래 좌상(보물 제32호, 국립중앙
박물관 소장)을 비롯한 고려 초기 일련의 불상들과 유사한 양식이
다. 그러나 온화함이 사라진 근엄한 표정, 고려 초기 불상들이 지녔
던 탄력성의 감소, 형식화한 옷 주름 등은 초기 불상 양식에서 현

저히 벗어나 있다.

1916년 무량수전 해체 수리 때 발견된 「봉황산부석사개연기(鳳凰山浮石寺改椽記)」에는 1358년 왜구들이 건물에 불을 질렀고 그때 불상의 머리 부분이 불꽃을 뚫고 나와 불전 서쪽의 문장석 위에 놓였으며, 1376년에 개금하였다고 기록되어 있다(此寺唐高宗二十八年 儀鳳元年新羅王命義湘法師始立創建也 後元順帝十七年至正戊戌敵兵 火其堂 尊容頭面飛出烟焰中在于金堂西隅文藏石上 而奏于上 泊洪武 九年丙辰圓融國師改造金 而至于萬曆三十九年辛亥五月晦日風雨大作 析其中樑 明年□ 壬子改椽新其畵彩儼若舊制也 記其匠碩及勸緣人以 示後世).

이와 같은 기록과 불상의 양식을 종합해 보면 이 불상은 고려 초의 여래상 형식을 잇고 있지만 조각 양식은 고려 후기의 특징을 보인다.

이 불상은 석가모니불에 특징적인 항마촉지인을 취하고 있는데, 몇 차례의 보수와 개금(改金)을 거치는 동안 수인이 변경되었는지 아니면 원래부터 항마촉지인을 취하였는지는 불확실하다. 그러나 불상이 봉안된 전각의 명칭이 무량수전이고, 또한 경내에 있는 원융국사탑비(1054년)의 비문에 보처(補處)가 없는 아미타불을 조성하여 모셨다는 기록이 있어 존상의 명칭은 아미타불로 추정된다.

불상 뒤에는 당초문과 화염문이 화려하게 조각된 목조 광배가 따로이 제작 배치되어 있는데 원형의 두광과 신광 안에 각기 3구와 4구씩의 화불(化佛)을 부착시켰던 흔적이 남아 있다. 광배 안에 새겨진 치밀한 당초문이나 광배 밖으로 활활 타오르는 듯한 화염문은 불상의 위엄을 강조할 뿐만 아니라 고려시대 정교한 불교 미술의 한 단면을 잘 보여 준다.

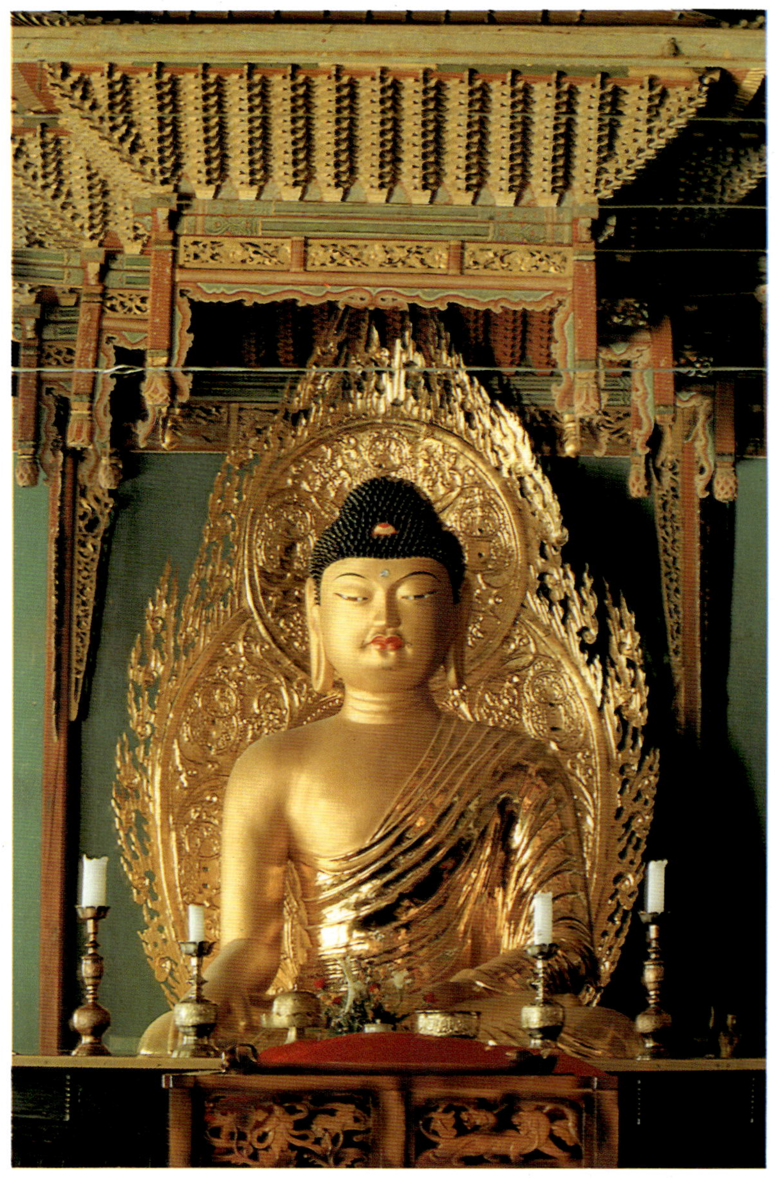

소조 여래좌상 이 불상은 고려 초의 여래상 형식을 잇고 있지만 조각 양식은 고려 후기의 특징을 보인다. 석가모니불이면서 항마촉지인을 취하고 있는데 몇 차례의 보수와 개금을 거치는 동안 수인이 변경되었는지 아니면 원래부터 항마촉지인을 취하였는지는 불확실하다.

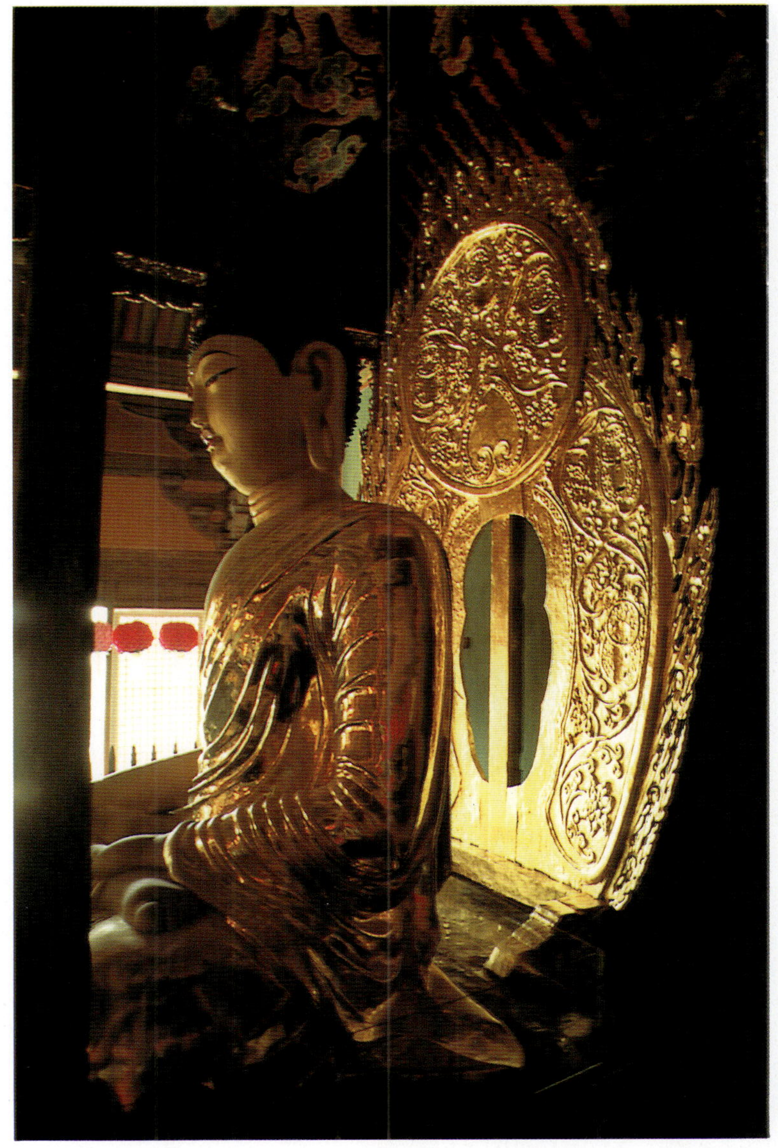

소조 여래좌상의 광배 불상 뒤에 당초문과 화염문이 화려하게 조각된 목조 광배가 있어 불상의 위엄을 강조할 뿐만 아니라 고려시대 정교한 불교 미술의 단면을 보여 준다.

자인당 석조 비로자나불 좌상 2구(보물 제220호)

동쪽 불상/불상 높이 : 99.5센티미터, 대좌 높이 : 1.05미터

서쪽 불상/불상 높이 : 1.03미터, 대좌 높이 : 1.02미터

이 2구의 불상은 처음부터 부석사에 있던 것이 아니라 부석사 동쪽의 폐사지에서 옮겨 온 것이다. 양손이 깨어졌고 얼굴과 대좌 일부가 파손되었으나 광배와 대좌를 모두 갖추고 있다.

동쪽 불상은 갸름한 타원형의 얼굴에 코와 귀는 짧고 두터운 인중과 입술을 지녔다. 안면이 마모되어 불격(佛格)이 감소됐으나 원래는 단아한 모습이었으리라 추정된다. 머리칼은 큼직한 나발(螺髮)이며 육계는 거의 퇴화되어 버렸다. 젖혀진 어깨와 양감 없이 편평한 신체가 경직된 인상을 풍긴다. 양손은 깨어졌지만 가슴 앞으로 모은 팔의 모습으로 보아 원래는 지권인(智拳印)의 수인이었을 것으로 짐작된다. 양팔과 배, 다리 등의 옷 주름은 평행하며 대좌 위로 내려온 주름 역시 규칙적인 평행선을 이루었다. 이러한 얼굴, 신체의 표현과 옷 주름의 기법들은 경북대학교 석조 여래 좌상(보물 제335호)이나 홍천 물걸리 석조 비로자나불 좌상(보물 제542호)과 같은 9세기 후기 불상에서 찾아볼 수 있는 양식이다.

광배는 보주형에 가까운 주형거신광(舟形擧身光)으로 내부에 원형의 두광이 표시되어 있는데 비스듬히 균열이 나 있다. 이중으로 표현된 두광의 중심에는 연화문이 조각되어 있고 테두리에는 보상화(寶相華)가 새겨져 있다. 이 두광의 위쪽과 불상의 팔 위치쯤에 각기 구름 위에 앉은 삼존불을 새겼고 나머지 공간에는 화염문으로 메꾸었다.

방형의 지대석 위에 놓인 대좌는 상·중·하대로 구분된 팔각연화좌이다. 하대는 각 면마다 동물상이 새겨진 안상석과 그 위의 복

련석(覆蓮石)으로 구분되며, 8각 중대의 각 면에는 불좌상이 새겨져 있다. 상대는 앙련석(仰蓮石)인데 파손이 심한 상태이다.

서쪽 불상 역시 기본 형태는 동쪽 불상과 마찬가지이나 광배와 대좌의 세부 조각에서 약간 차이를 보인다. 불상의 얼굴과 신체의 표현 그리고 수인의 모습 등은 동쪽 불상과 유사하다.

광배의 형태도 같으나 내면의 조각은 약간 다르다. 원형 두광의 내면에 연화문이 조각된 것은 마찬가지이나 외면에는 보상화 대신 하엽문(荷葉文)과 같은 문양이 조각되어 있다. 신광에는 화염문을 배경으로 좌우 각기 화불 3구가 세로로 배치되어 있으며 두광의 위쪽으로 구름에 싸인 삼불좌상이 배치되어 있다.

방형의 지대석 위에 팔각 몰딩을 새기고 그 위에 동쪽 불상과 같은 모양의 대좌를 안치하였다. 하대의 안상석 정면에는 향로가, 나머지 각 면에는 동물상이 새겨져 있으며 그 위는 중엽의 복련석이다. 중대석에는 천부상이 조각되어 있으며, 상대는 연판에 꽃무늬가 장식된 앙련석이다.

이렇듯이 자인당의 두 비로자나불 좌상들은 세부 조각만 약간 다를 뿐 형태와 조각 양식이 거의 동일하여 같은 조각가의 작품으로 생각된다. 양감이 없는 경직된 신체와 형식화한 옷주름을 지닌 불상이나 다양한 무늬로 화려하게 장식된 광배와 대좌는 모두 9세기 후기 불상의 전형적인 특징들이다.

자인당 석불좌상

불상 높이 : 99센티미터

대좌 높이 : 104센티미터

자인당에 2구의 비로자나불상과 함께 봉안되어 있는 이 불상 역

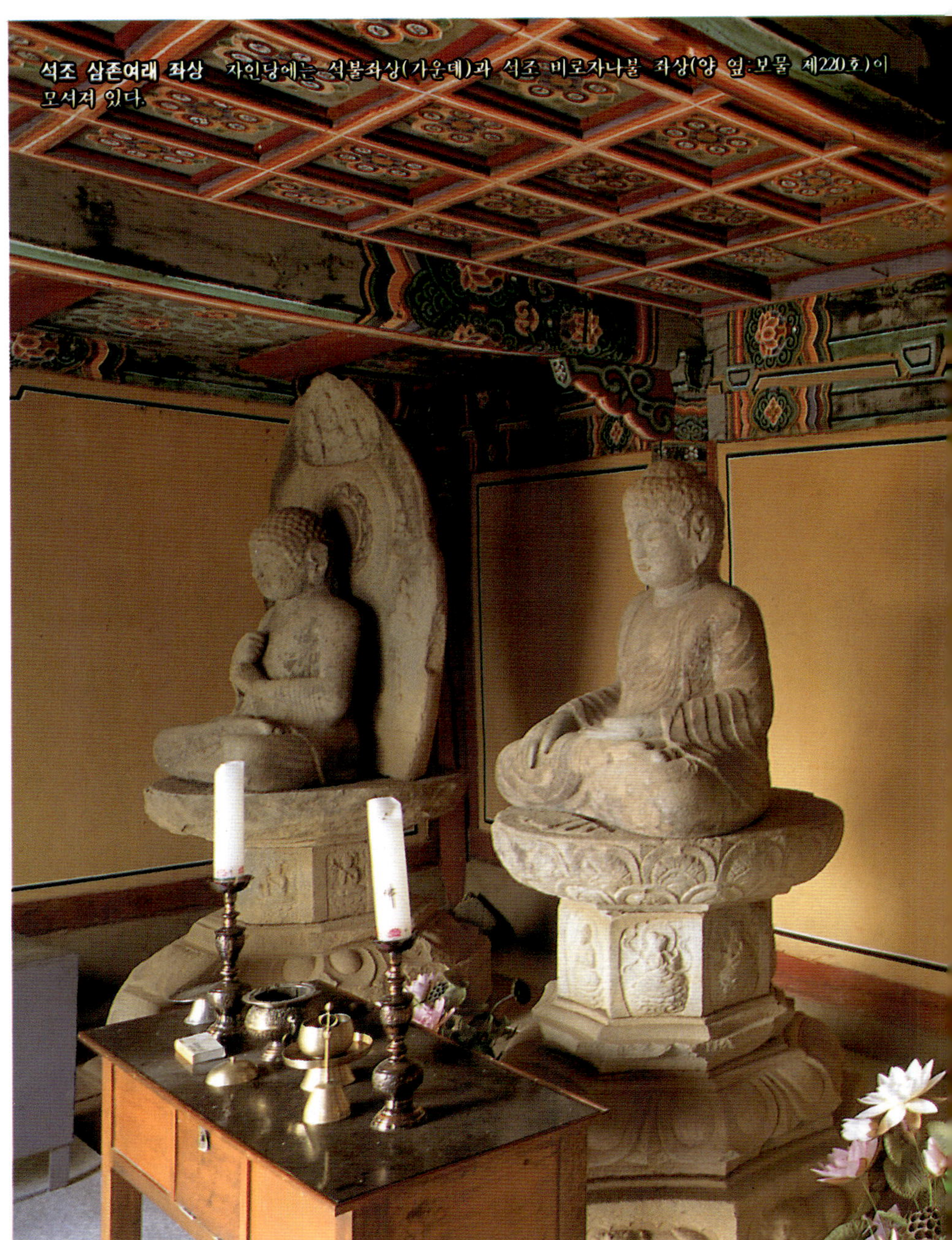

석조 삼존여래 좌상 자인당에는 석불좌상(가운데)과 석조 비로자나불 좌상(양 옆:보물 제220호)이 모셔져 있다.

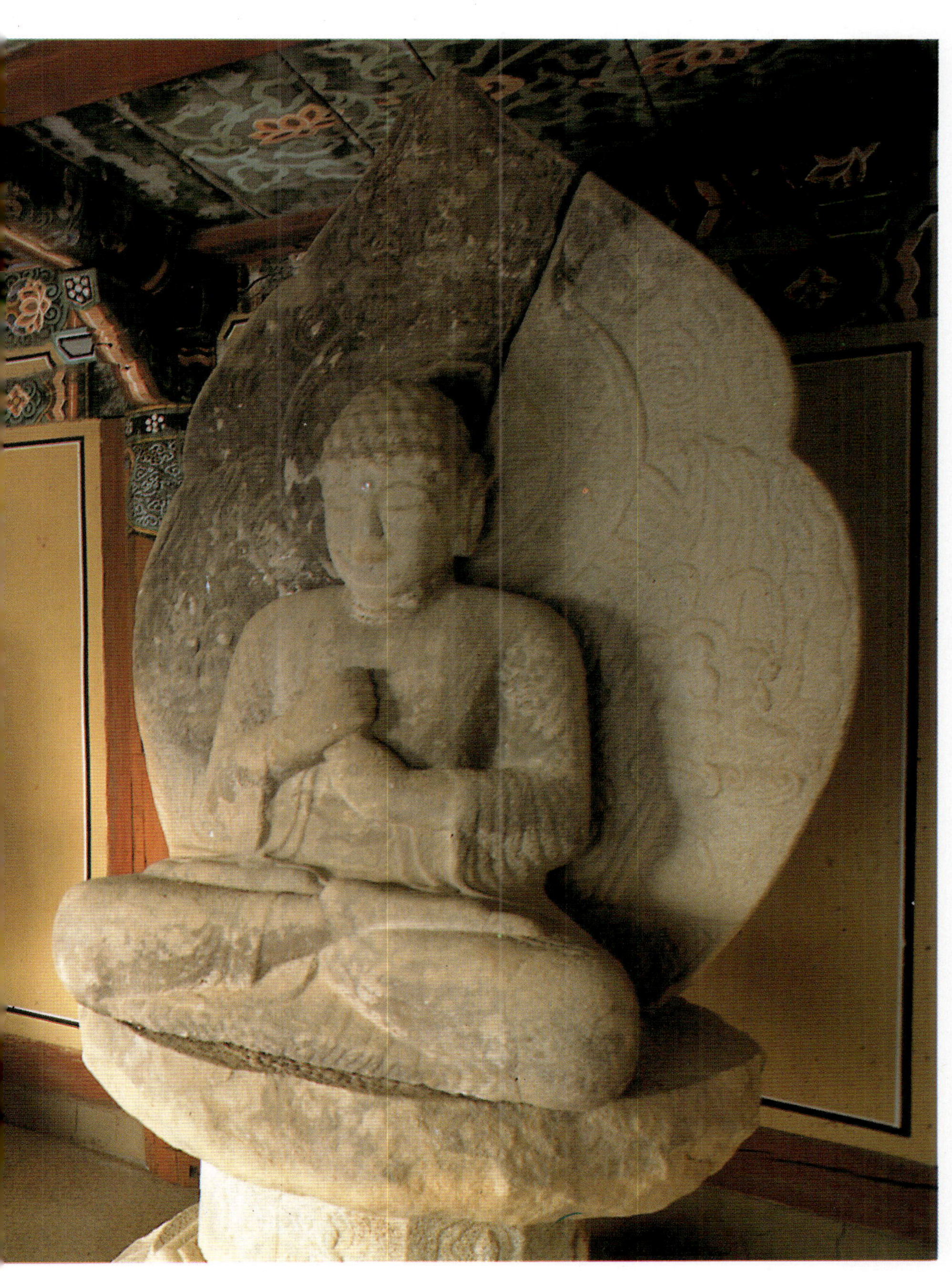

시 부석사 동쪽의 절터에서 옮겨 온 것이다.

　높은 대좌 위에 항마촉지인을 취하고 앉아 있는 이 불상엔 광배가 없다. 깨진 두부와 신체는 다시 복원하였다. 나지막한 육계를 지닌 얼굴도 비록 파손되긴 하였지만 둥글고 원만한 상호를 보여 준다. 약간 좁은 어깨와 양감과 긴장감이 줄어든 신체, 평행으로 흐르는 옷 주름선 등은 이상적 사실주의 양식으로 일컬어지는 8세기 불상의 탄력 있는 모습에서 벗어나 9세기 신라 하대 불상들의 양식을 따르고 있다.

　한편 상·중·하대로 구성된 팔각 대좌는 전형적인 9세기 대좌 양식을 보여 준다. 팔각의 하대석에는 각 면의 안상(眼象) 안에 동물상이 조각되어 있고 그 위에 복련이 새겨져 있다. 역시 팔각의 중대석 각 면에는 불·보살상이 새겨져 있으며 상대는 앙련(仰蓮)으로 장식되어 있다. 이러한 대좌는 축서사 석조 비로자나불 좌상(867년)이나 경북대 석조 비로자나불 좌상(보물 제335호)의 대좌와 유사한 전형적인 9세기 불상 대좌의 모습이다.

　그러므로 이 자인당의 석불좌상은 신라 하대 9세기에 제작된 것으로 추정된다.

석조 건축

3층석탑(보물 제249호)
높이 : 5.26미터
기단폭 : 3.56미터
무량수전의 동쪽 약간 높은 지대에 위치한 신라시대의 3층석탑이

다. 이 탑은 원래 부석사 창건 때 건립된 것이 아니라 자인당의 석불들과 함께 부석사 동쪽 약 1.5킬로미터 떨어진 절터에서 옮겨 온 것이다.

2층의 기단 위에 3층의 탑신을 쌓은 전형적인 신라시대 석탑이다. 지대석과 하층 기단의 중석(中石)은 하나의 돌로 이루어졌는데 모두 8매석으로 짜였고 중석 각 면에는 2개씩의 우주(隅柱)와 탱주(撐柱)가 새겨져 있다. 윗면이 약간 경사진 하층 기단 갑석(甲石) 위에는 상층 기단을 받치기 위한 2단의 몰딩이 조각되었다. 상층 기단의 중석은 각 면이 1매의 판석으로 짜였고 각 면에는 우주와 탱주가 하나씩 모각되어 있으며 2매의 돌로 이루어진 갑석 위에는 2단의 탑신 받침이 있다. 그 위로 탑신부가 올려져 있고 옥신석(屋身石)과 옥개석(屋蓋石)은 각각 1매석으로 구성되었다. 각층의 탑신에는 각기 우주만 있을 뿐 조각을 새기지 않았다. 옥개석의 받침은 각층 5단이고 낙수면의 네 모서리는 약간 반전되었다. 3층 옥개석의 일부가 파손되었고 그 위의 상륜부엔 현재 노반(露盤)과 넓적한 복발(覆鉢)만이 남아 있다.

이상과 같은 구성을 보이는 이 석탑은 거대한 규모는 아니지만 하층 기단이 넓어 장중한 느낌을 주며, 착실한 짜임새나 적절한 체감률 등으로 안정감 있고 단순 소박한 조형으로 전형적인 신라 중기 석탑의 모습을 보여 준다.

1960년에 해체 수리될 때 당시 3층 옥신 중앙에 얕은 방형 사리공(方形舍利孔)이 있었으나 사리구(舍利具)는 이미 없어졌고 기단부에서 철제 탑, 불상편, 구슬 등이 발견되었다.

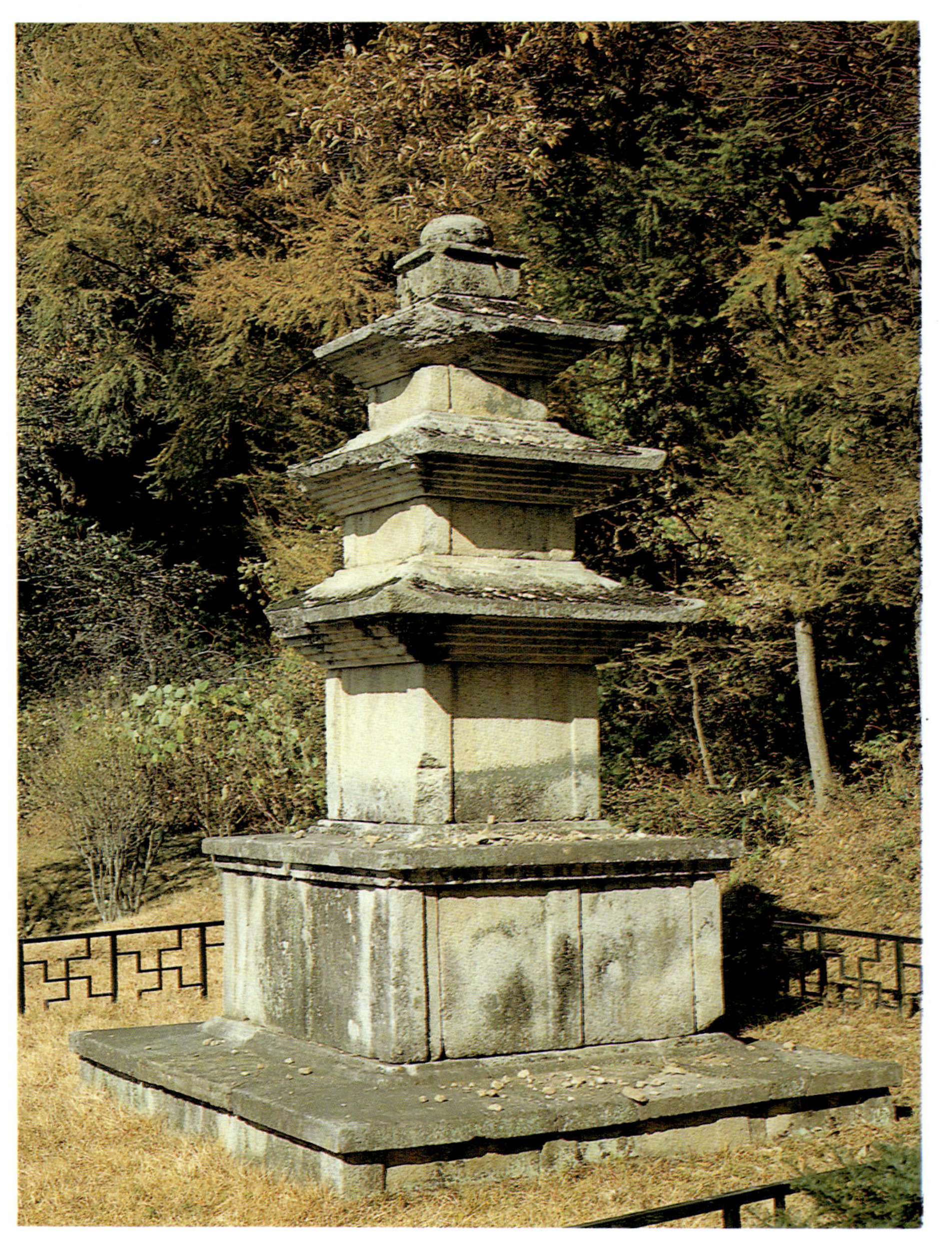

3층석탑 2층의 기단 위에 3층 탑신을 쌓은 전형적인 신라시대 석탑으로 원래 부석사 창건 때 건립된 것이 아니라 자인당의 석불들과 함께 부석사 동쪽 약 1.5킬로미터 떨어진 절터에서 옮겨 온 것이다.

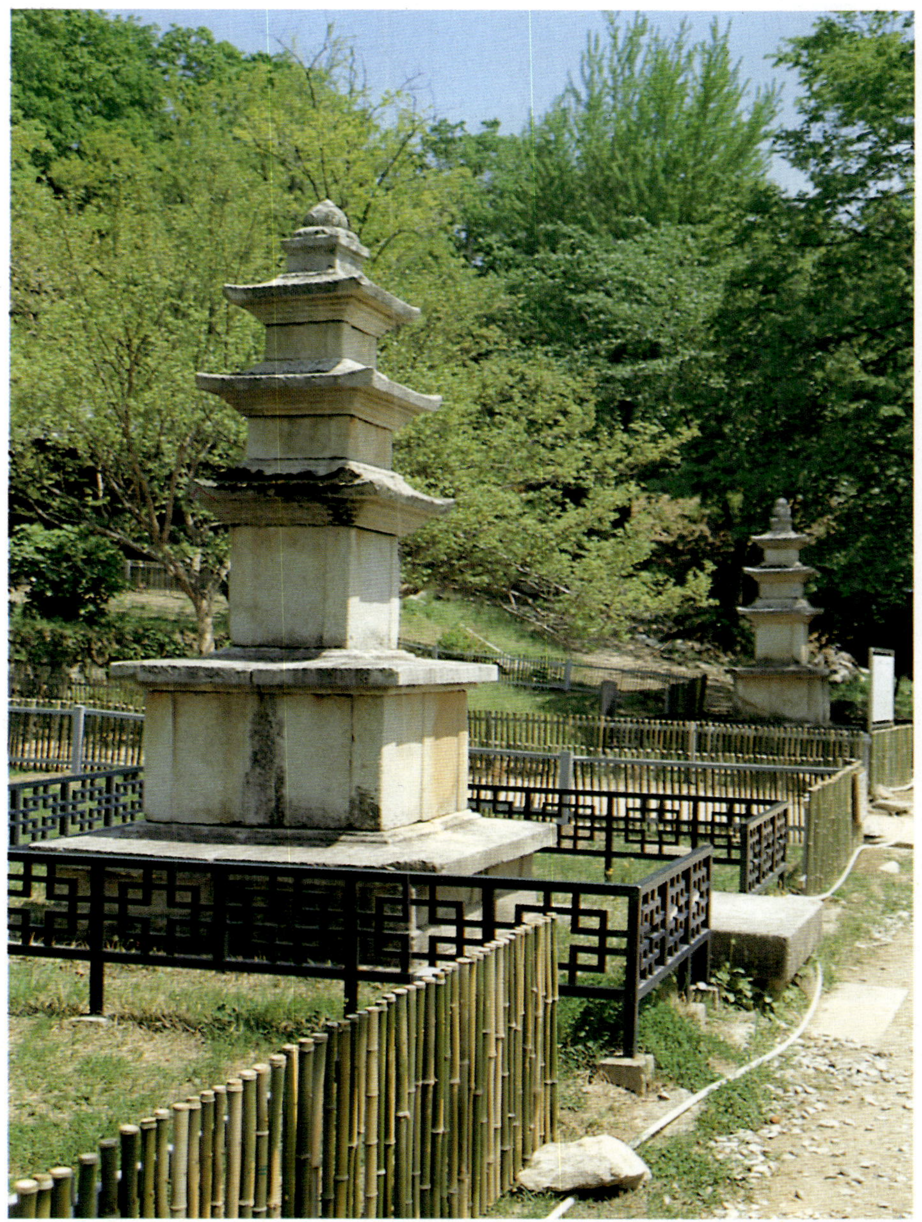

3층석탑 2기 절의 가장 아래쪽인 범종루 바로 앞 대석단 위에 좌우로 있다. 원래 부석사에 있던 것이 아니라 1966년에 절의 동쪽 약사골 절터에서 옮겨 온 것이다.

3층석탑 2기(지방유형문화재 제130호)

높이/동탑 : 3.6미터, 서탑 : 3.77미터

절의 가장 아래쪽인 범종루 바로 앞 대석단(大石壇) 위에 좌우로 3층석탑 2기가 있다. 이 역시 원래부터 부석사에 있던 것이 아니라 절의 동쪽 약사골 절터에서 1966년 옮겨 왔다. 이건할 때 익산 왕궁리 5층탑에서 출토된 사리 5과를 석탑에 안장하였다.

원래 쌍탑으로 건립한 듯 두 탑의 크기와 양식이 동일하다. 2층 기단 위에 3층의 탑신을 쌓은 것으로 무량수전 동쪽에 있는 신라시대 3층석탑과 기본적으로 같은 형식이다. 하층 기단 중석에 우주와 탱주의 모각이 있는데 위의 신라 석탑과는 달리 탱주가 하나뿐이다. 하층 기단 갑석 위에 만든 2단 몰딩이라든지 상층 기단의 모습, 4층의 옥개석 받침과 낙수면 전각의 반전, 기단과 탑신 등에 조각이 없는 점 등이 위의 신라 탑과 유사하다. 다만 하층 기단이 신라 탑보다는 좁고 규모도 작아 위의 탑을 그대로 축소시켜 놓은 듯하다. 상륜부는 결실된 것을 나중에 보수한 것이다. 전체적으로 짜임새 있고 정제된 모습으로 전형적인 신라계 석탑 양식을 충실하게 보여 주므로 신라 하대의 탑으로 추정된다.

석물

석등1(국보 제17호)

높이 : 2.97미터

무량수전 바로 앞에 위치한 통일신라시대의 전형적인 팔각 석등이다. 4매석으로 짠 방형의 지복석(地覆石) 위에 역시 방형의 지대석(地臺石)이 놓여 있고 지대석의 각 면에는 안상이 2구씩 장식되어 있다. 그 위로 팔각 하대석 받침 2단이 마련되어 있다.

하대석은 아름다운 복판복련(複瓣覆蓮) 8엽으로 구성되었고 꽃잎의 끝은 귀꽃으로 장식하였다. 이 복련의 위쪽으로 3단의 받침이 간주(竿柱)를 받들고 있다. 간주는 전형적인 팔각형으로 굵기나 높이가 적절한 조화를 이루었다. 그 위로 화사석(火舍石)을 받치는 상대석엔 8엽의 앙련이 조각되어 있는데 2중의 꽃잎 모양과 반전으로 양감을 주어 세련된 조형미를 나타낸다. 8각의 화사석엔 4면 모두 장방형의 화창(火窓)이 뚫려 있고 나머지 4면에는 각각 보살 입상이 1구씩 조각되어 있다. 연화좌 위에 서 있는 4구의 보살상은 양손을 가슴에 모아 꽃송이를 들었거나 한 손으로 공양구를 든 모습인데 탄력적이고 세련된 기법으로 아름답게 조각되어 있다. 화사석을 덮은 8각의 옥개석은 낙수면의 전각(轉角)이 반전되어 있으며 정상에는 연화문 장식이 있다. 상륜부에는 보주가 남아 있지만 연봉은 결실되었다.

거의 완전한 형태를 보전한 이 석등은 각 부재의 비례가 조화를 이루어 단아하고 아름답다. 여기에 정교하고 세련된 연화문이나 보살상 조각이 있어 통일신라시대의 전형적인 석등으로 손꼽히는 걸작이다.

석등 2

3층석탑 앞에 있는 이 석등은 현재 기단, 하대석, 간주 그리고 옥개석만 남아 있다. 방형의 기단에는 무량수전 앞 석등과 같이 2구씩의 안상이 조각되어 있고 그 위에는 원형의 연대 받침이 있다. 하대석은 8엽의 복련이며 간주 역시 팔각주인데 상면에는 촉이 달

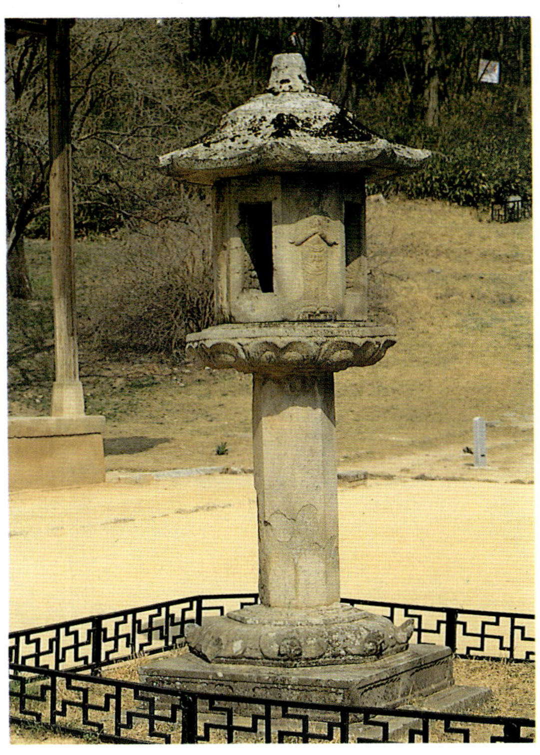

석등1 무량수전 바로 옆에 위치한 통일신라시대의 전형적인 팔각 석등이다.

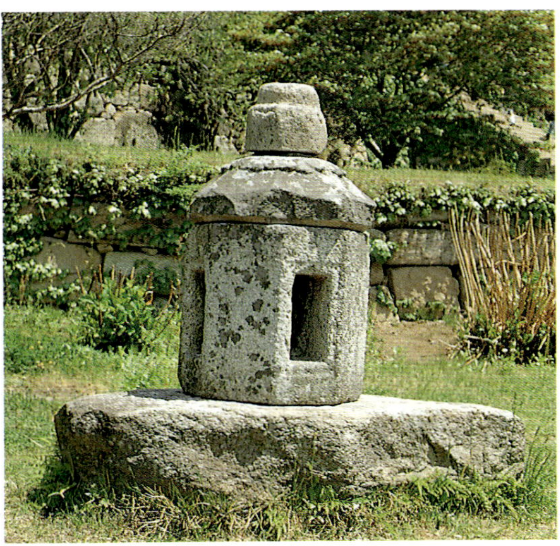

석등2 3층석탑 앞에 놓여 있는데, 현재 기단, 하대석, 간주, 옥개석만이 남아 있다.

려 있다. 상대석과 화사석은 현재 결실되어 간주 위에 바로 옥개석
이 놓여 있다. 옥개석 역시 팔각이며 정상에는 보주 받침과 복판
연화문 8엽이 조각되어 있을 뿐 보주도 결실되었다. 기본적인 형태
는 무량수전 앞의 석등과 같으며 역시 통일신라시대의 작품으로
추정된다.

당간지주(보물 제255호)

높이 : 4.28미터

부석사 입구 안양루를 향하는 길가 왼쪽에 위치한 통일신라시대
의 당간지주이다. 두 개의 지주가 1미터 간격으로 마주보고 있는데
위쪽으로 갈수록 가늘어져 단아하며 안정감 있다. 지주의 바깥면은
양쪽 모서리의 각을 약간 줄여 부드럽게 처리하였고, 정상은 마주
보고 있는 내면에서 외면 쪽으로 호선(弧線)을 그리며 깎여 있는데
1단의 굴곡을 두었다. 내외면에는 아무런 조식이 없고 양 측면에는
두 지주 모두 가장자리에 폭 5.4센티미터의 선이 양각되었으며 중
앙에도 폭 5.1센티미터의 선이 세로로 양각되어 있다. 곧 정상부는
외면으로 가면서 자연스럽게 낮아지고 여기에서 세로로 양각의 종
선이 내려왔을 뿐 다른 조식이 없어 간결하고 소박한 면모를 보여
준다. 상단의 내면에 장방형의 간구(杆溝)를 마련하여 간(杆)을 끼
우게 되어 있다. 기단부의 밑바닥엔 장대석과 잡석으로 만든 석단
만 있는데 원래는 장방형의 기단이 있었던 것으로 보인다.

두 지주 사이에는 간주(竿柱)를 받는 원형의 간대가 놓여 있다.
방형의 하대(下臺) 위에 있는 원좌(圓座) 주위에는 연화문이 새겨
져 있다. 이 원좌의 윗면 중앙에 직경 30센티미터의 둥근 구멍을
뚫어 당간의 밑면을 받고 있다.

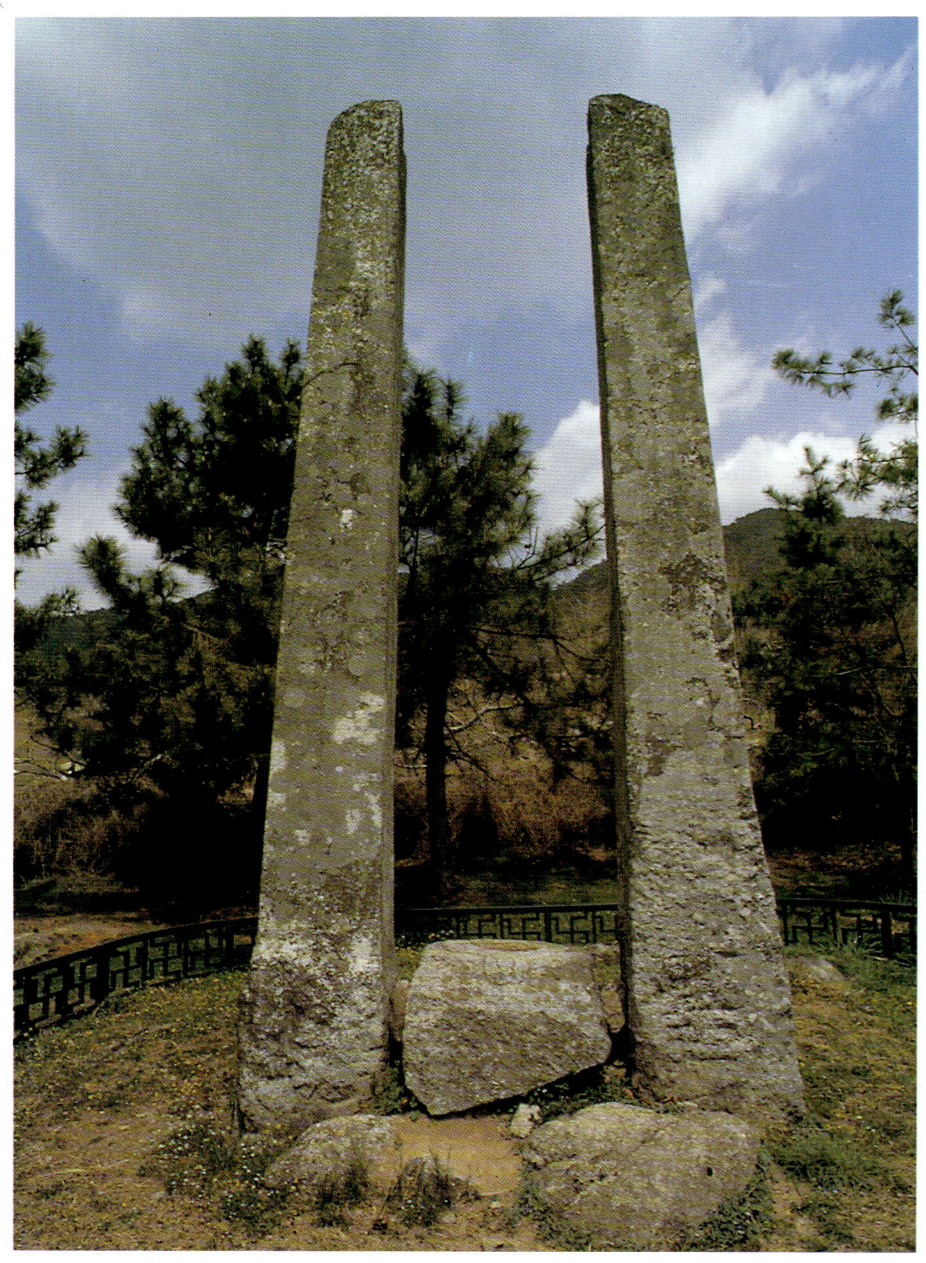

당간지주 부석사 입구 안양루를 향하는 길가 왼쪽에 위치하고 있다.

이 당간지주의 위로 갈수록 약간 가늘어지는 형식이나 소박한 조식, 지주의 규모와 두 지주 사이의 거리가 이루어 내는 안정감 있는 비례 등은 소박하면서도 세련된 조형감을 느끼게 한다.

원융국사비(圓融國師碑, 경북유형문화재 제127호)

비신의 높이 : 1.73미터

폭 : 1.1미터

두께 : 15센티미터

건립 연대 : 1054년

원융 국사(964~1053년)는 명주(溟州) 사람으로 속성은 김씨, 이름은 결응(決凝), 자는 혜일(慧日)이다. 12살 때 용흥사에서 출가하여 복흥사에서 구족계를 받았으며 991년 승시에 합격하여 대덕(大德)의 법계를 받았다. 그 뒤 왕사를 거쳐 문종 때에 국사가 되었으며, 만년에 부석사에 머물며 대장경을 간행하는 등 이런저런 활동을 하다 1053년 법랍 78, 세수 90으로 입적하였다.

절의 동쪽 약 500미터 지점에 위치한 이 비는 귀부(龜趺)와 비갓을 모두 갖추고 있지만 이들이 원래의 것인지는 확실하지 않다. 비신은 세로로 단절되고 상하 귀퉁이가 파손되는 등 몹시 손상되어 있다. 귀부의 지대석 전후면에 각 3구, 측면에 각 4구씩의 안상이 있고 그 안에 꽃무늬가 새겨져 있다. 용의 형상을 한 머리가 고개를 오른쪽으로 돌리고 있는 점이 특이하다. 귀갑(龜甲)은 2중 육각형인데 그 안에 음각의 왕(王)자가 새겨져 있다.

비신을 덮은 갓 부분은 이수가 아닌 옥개 형태로 변모하였다. 현재 이 비의 귀부엔 이수가 아닌 옥개석이 덮여 있고, 귀부와 비신이 잘 들어맞지도 않아 이들이 원래의 짝이 아닐 가능성도 있다.

화엄경판(華嚴經板:보물 제735호)

크기/진본 60화엄 : 24.5×45.5센티미터

　　　주본 80화엄 : 24.0×44.5센티미터

　　　정원본 40화엄 : 24.5×45.0센티미터

부석사에는 고려시대에 새긴 삼본화엄경(三本華嚴經) 각판이 전한다. 삼본화엄경이란 3종류의 화엄경 한역본으로, 동진(東晉)의 불타발타라(佛馱跋陀羅)가 60권으로 번역한 『진역화엄경』(晉譯華嚴經, 418~420년), 당(唐)의 무주(武周) 때 실차난타(實叉難陀)가 80권으로 번역한 『주본화엄경』(周本華嚴經, 695~699년), 당나라 정원(貞元) 연간에 반야(般若)가 화엄경의 마지막품인 입법계품만을 번역한 40권짜리 『정원본화엄경』(貞元本華嚴經, 795~798년)을 말하는데, 이들은 각기 60화엄, 80화엄, 40화엄이라고도 일컬어진다.

현존하는 부석사 화엄경판의 판수는 60화엄이 239판, 80화엄이 273판, 40화엄이 122판으로 도합 634판이 전해지는데, 원판과 보판(補板)이 혼재한다. 원판은 간기가 없어 정확한 판각 연대를 알 수 없으나 판식(板式)과 각판의 특징으로 보아 고려 때 것으로 보이며, 보판은 조선조 1568년에 새겨진 것이다.

고려시대 목판의 판식은 주로 권자본(卷子本) 위주이다. 그러나 이 부석사 각판의 판식은 방책(方冊) 판식인데 좁은 판심(板心)에 어미(魚尾)와 흑구(黑口)가 없어 권자 형식에서 방책으로 넘어오는 초기의 특징을 나타낸다. 또한 고려시대에 유행한 화엄경의 각 행이 14자본 혹은 17자본으로 되어 있는데 반해 부석사의 각판은 특이하게 34자본이다. 부석사 화엄경판은 중국 거란본으로 추정하는 매반엽(每半葉) 17항 34자의 소자무주화엄경(小字無注華嚴經) 2책과 행자수(行字數), 자체(字體), 자위(字位), 판식(板式) 등이 꼭 같

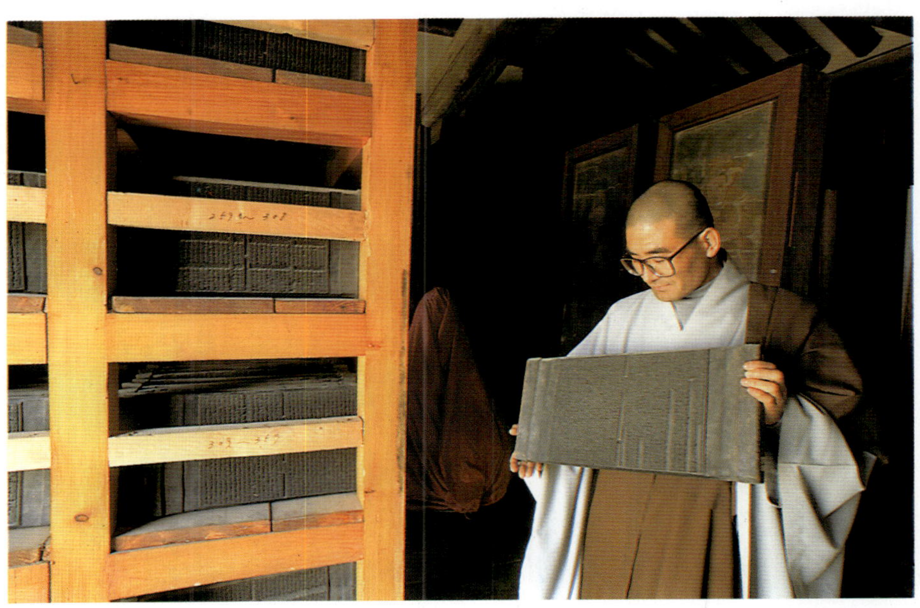

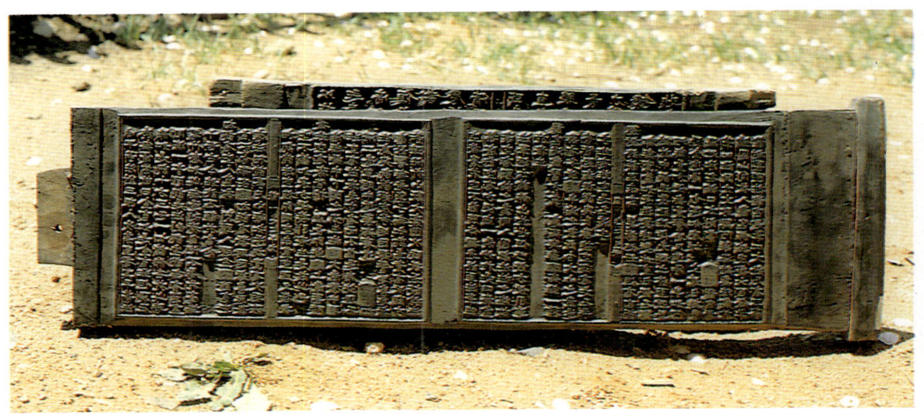

부석사에 전하는 고려시대 화엄경 각판

아 거란본계의 화엄경을 수입하여 번각한 것임을 알 수 있다. 그런데 우리나라에 거란장경이 처음으로 수입된 것이 문종 17년(1063)이고 그 뒤에 잇달아 숙종 4년(1099)과 예종 2년(1107)에 들어왔다. 맨 처음 수입한 거란장경은 초조대장경 주조의 저본(底本)으로 사용하며 비장했을 가능성이 있다. 따라서 지방 사찰판에는 그 후에 들어온 것을 사용했을 터이니 부석사 각판은 빨라야 12세기 이후에 새겨졌으리라 추정된다. 또한 판심이 있는 방책의 판식이 훨씬 후대에 유행한 점 등으로 보아 학계에서는 이 부석사 화엄경판의 번각 시기를 13~14세기로 넓게 추정한다.

이 부석사의 화엄경 각판은 보판을 합쳐도 결판이 있는 미완질판이기는 하지만 우리나라에서는 유일하게 전하는 거란본계의 번각판이므로 매우 귀중한 자료이다.

이들 삼본화엄경판 외에도 부석사에는 수륙무차평등재의촬요(水陸無遮平等齋儀撮要) 2매, 삼조대사신심명(三祖大師信心銘) 1매, 십현담요해(十玄談要解) 1매 등 조선시대의 목판 14매가 전한다.

참고 문헌

『삼국사기』, 『삼국유사』, 『고려사』, 『신증동국여지승람』, 『택리지』, 『조선금석총람』, 『균여전서』, 『송고승전』

고익진, 『한국고대불교사상사』, 동국대 출판부, 1989.

김복순, 『신라화엄종연구』, 민족사, 1990.

김상현, 『신라화엄사상사』, 민족사, 1991.

김영미, 『신라불교사상사연구』, 민족사, 1994.

김영태, 「설화를 통해 본 신라의상」 『불교학보』 18. 1981.

김운학, 「일본에 미친 의상선묘설화」 『불교학보』 13, 1981.

김익호, 「부석사의 史的 考察」 『경북대 논문집』 1, 1956.

김지견, 「신라 화엄학의 계보와 사상」 『학술원논문집』 12, 1973.

민영규, 「의상」 『한국의 인간상』, 신구문화사, 1965.

송지향, 『부석사유적지(浮石寺遺跡地)』, 1987.

이기영, 「신라일승법계도의 근본정신」 『신라가야문화』 4, 1972.

이병도, 「唐法藏寄新羅義湘書에 대하여」 『화의돈기념논총』, 1960.

전해주, 『의상화엄사상사연구』, 민족사, 1993.

정병삼, 「의상화엄사상연구」, 서울대학교 박사논문, 1991.

채인환, 「의상 화엄교학의 특성」 『한국화엄사상연구』, 동국대출판부, 1982.

한국불교연구원, 『부석사』, 일지사, 1976.

빛깔있는 책들 103-36

부석사

초판 1쇄 발행 | 1995년 7월 15일
초판 11쇄 발행 | 2008년 12월 20일
재판 1쇄 발행 | 2013년 9월 30일

글 | 김보현, 배병선, 박도화
사진 | 배병선, 유남해

발행인 | 김남석
편 집 이 사 | 김정옥
편집디자인 | 임세희
전   무 | 정만성
영 업 부 장 | 이현석

발행처 | (주)대원사
주   소 | 135-230 서울시 강남구 양재대로 55길 37, 302(일원동 대도빌딩)
전   화 | (02)757-6717~6719
팩시밀리 | (02)775-8043
등록번호 | 등록 제3-191호
홈페이지 | www.daewonsa.co.kr

값 8,500원

ISBN 978-89-369-0171-4

잘못 만들어진 책은 바꾸어 드립니다.